「AIクソ上司」の脅威

2030年、日本企業の序列がひっくり返る

Takahiro Suzuki
鈴木 貴博

PHP
Business Shinsho

PHPビジネス新書

はじめに

「上司があぶない武器を手にしたらどうなるのか？」

本書のタイトルに登場する「ＡＩクソ上司」の出現を予感するには、これが一番的確な問題提起かもしれません。生成ＡＩという強力な武器を手にした上司。その上司が頼れるアニキのような上司であればあなたの未来は幸せな未来になるでしょう。しかし仮にその上司が頭脳明晰なサイコパスだったとしたら？

ホワイトカラーがＡＩ（人工知能）に仕事を奪われる未来がにわかに現実味を帯びてきました。人工知能チャットボットChatGPTの出現、そして生成ＡＩツールの実用化により、「仕事消滅など起きない」と楽観視していた私たちの認識はあっという間に塗り替わったのです。

それまでのＡＩといえばiPhoneのSiri《シリ》やアマゾンのスマートスピーカーに搭載されているAlexa《アレクサ》といった、せいぜい生活を便利にする音声アシスタントどまりでした。それが突然、知性の面で私たちと競合する生成ＡＩが出現しました。

この本のタイトルにある「ＡＩクソ上司」という言葉をご覧になって、

「いよいよＡＩが私たちの上司になる未来がくるのか？」

と思われた方もいらっしゃるかもしれませんが、そうではありません。そうではないのですが、予想される職場の未来はもっと怖いものになるでしょう。ＡＩを使いこなすようになった上司があなたの仕事を奪うラスボスとして、あなたの前に立ちはだかる未来がこれからやってくる。これが、この本が予測する１つ目の未来です。

さらに今、日本の自動車業界は業界全体が消滅する危機に直面しています。トヨタは一見、ＥＶ（電気自動車）開発に遅れているだけのように見えているかもしれませんが、実は新しいコンセプトのＡＩ自動車市場でも完全に出遅れてしまっているのです。

現在、最先端とされているコンセプトの自動車はＳＤＶ（Software Defined Vehicle＝ソフトウェアで性能が高まる車）といって、購入後も新しいソフトウェアをダウンロードして自動車の性能を常にアップデートしていくことができます。そのＳＤＶでトヨタは出遅れ、最大のライバルとなるテスラに10年の差をつけられているのです。

２０１７年にテスラが発売した車と同じコンセプトのＡＩ車をトヨタが発売できるようになるのは、現在の計画では２０２６年になりそうです。その間、テスラや中国メーカーはさらに先に進み、５５０万人の雇用を有する自動車王国日本の消滅が現実味を帯びてきました。

あなたは、そうした未来を信じられますか？　日本は既に家電王国から凋落《ちょうらく》し、パソコンメーカーが軒並み赤字に転落してきました。その次に来るのが「自動車王国日本の落日」です。そのような現実は受け止められない。そう思うのなら、ここから先は読み進めない方が幸せかもしれません。

ジェンダー論から地政学まで関わっていく重大テーマ

冒頭から驚かせてしまい、すみません。でも、ＡＩの出現と自動車王国の凋落は、ひとつながりの事象です。しかも未来で待っている負の連鎖は、コレだけでは済みません。

私は未来予測を専門とする経済評論家です。この10年で『仕事消滅』（講談社）、『ＡＩ失業前夜』『日本経済予言の書』（以上、ＰＨＰ研究所）などの未来予測の本を発表し、ＡＩによる雇用の消失について警鐘を鳴らしてきました。ＡＩだけでなく気候変動や地政学的分断など、近未来の日本には7つの脅威が訪れるとも予測しました。

私が予測したこうした未来の種たちは、嫌な方向で芽吹き始めています。これらの状況をアップデートしながら、ＡＩの脅威を中心に世界経済とその中の日本社会の未来を予測するのが本書の目的です。

私は社会学や経済学、政治学などいわゆる文系分野の人間がもっとＡＩについて語るべきだと考えています。ChatGPTの出現によって、これから10年間の社会環境変化の中核にはまちがいなくＡＩが来ます。人口問題、ジェンダー論、Ｚ世代論といった社会学のテーマや、気候変動、米中対立、地政学といった私たちの世界をとりまく政治的な論点にもＡＩが関係してくるようになります。

具体例を１つ挙げると、この本の第6章では、「２０３０年頃には家庭内での夫婦の会話は殺伐《さつばつ》としたものになる」という予測が登場します。２０２３年秋、生成ＡＩのChatGPTは文字入力だけではなく「見る、聞く、話す」こともできるようになりました。今はおもちゃのようなＡＩも機械学習が進み、データセンターに実装されるハードウェア性能の桁《けた》が上がっていくと、２０３０年頃には人間のような会話ができるようになります。

夫婦ともにそれに夢中になる未来では人間同士の会話は激減します。

それが夫婦生活だけならいいのですが、結婚前の若い世代も、

「人間と会話するより、ＡＩと話しているほうが居心地がよくて楽しい」と感じるようになったらどうでしょう。結婚する人は激減して、今以上の異次元の少子化が起きる可能性があります。結婚をする価値を若者が感じなくなるのです。

ＡＩによって幸せになる人、不幸になる人

生成ＡＩについて理系の専門家が未来を予測すると、「未来はこう便利になる」という具体的な未来像が提示されます。難しいのは、そのような便利なものが登場したときに社会や人間の在《あ》り方がどう変わるのかを予測することです。夫婦関係が殺伐としたものになるというのはその１つの予測にすぎません。本書の終盤で詳しく説明するＡＩクソ上司の出現も、便利なＡＩが出現することで引き起こされる未来の不都合な変化の予測です。

一方でＡＩの専門家と、社会学や政治学の専門家は意外とこういった点で話が合いません。前者は研究を進めたい、アクセルを踏みたいと考える一方で、後者はそれを警戒し、ブレーキをかけたいと考えているからでしょうか。日本のＡＩ産業などはまだよちよち歩きで米中から大きく遅れている状況であるにもかかわらず、政府がＧ７のＡＩ規制に前の

めりなのは、そういった空気の象徴なのかもしれません。

真ん中にいる経済の専門家として、このギャップを埋めることはできないか？　と考えたことがこの本を執筆した動機です。

ＡＩの発展は世界規模で経済を混乱させます。経済の中でもどの立場に立つかによって、ＡＩを天使だと主張したり悪魔だと主張したり、経済専門家の内部でも意見は割れるものです。

生成ＡＩは私たちの仕事の生産性を３～４割向上させると言われています。生産性向上は経済の観点からはよいことです。しかし社会や政治の観点では、それは仕事が３～４割消滅することと同義です。経済学者は、

「10年もしたら新しい産業が勃興《ぼっこう》してまた新たな雇用が生まれるよ」

とも言うでしょう。ではその10年間、仕事が消滅したひとはどうやって生きていけばいいのでしょうか。

私は社会が進歩するということは、人間が幸せになれるかどうかの尺度で測るべきだと考えています。ＡＩについてはどちらかというと警鐘を鳴らす立場で語ってきたのですが、その理由は前述したとおり、このままのＡＩの使い方では人間は幸せにはなれないと

危惧《きぐ》しているからです。

普通に人間らしく生きたいと願う人間にとっては、生成ＡＩがもたらす未来は想像以上に残酷かもしれません。それは決してＡＩが人間を支配するといったＳＦ的な話ではありません。本当に怖いのはＡＩではなく人間です。生成ＡＩは私たちを支配する側の人間たちの能力を強化します。もし私が、

「ＡＩによって、いいひとは今まで以上に搾取《さくしゅ》されるようになり、嫌なひとたちがＡＩの力で弱者を支配するようになりますよ」

と教えたら、あなたはどう思うでしょうか？

本書の中で私は以下のように予測しています。

「２０２０年代後半には〝ＡＩクソ上司〟と呼ばれる人間たちがこの社会に大量に出現するでしょう」

実は、仕事を消滅させるのはＡＩではなく彼らひとにぎりの人間の仕業《しわざ》です。そしてこのことが、その他多くの人間に不幸をもたらす最大リスクになるのです。

語りたいことはまだまだたくさんあります。皆さんも知りたいことでしょう。ぜひここから先のページへと読み進んでみてください。

「AIクソ上司」の脅威◉目次

はじめに　3

ジェンダー論から地政学まで関わっていく重大テーマ　5

AIによって幸せになる人、不幸になる人　7

第1章 「生成AIの冬」がやってくる

「AIによる仕事消滅」がついに始まった　22

ChatGPTの出現という事件　24

6か月の仕事が数週間で……激変するコンサルティング業界　26

6人のコンサルが2つの椅子を争う未来　27

中国、インドで始まりつつある「仕事消滅」 29
好況だからこそ、失業が増える? 31
テスラとトヨタの比較から見えてくる「圧倒的な差」 32
AIが「囲碁」をしなくなった根源的な理由 35
世界中にスーパーコンピューターが溢れかえる 37
生成AIが「格差」を拡大させる? 38
世界中で進む生成AI開発競争 40
大半のビジネスパーソンの仕事は、生成AIで代替可能 42

第2章 AIの脅威に屈しない「上位16%の支配者たち」

ChatGPTは「逆順」で考えると理解しやすい 44
グーグルの危機 46
「ニッチ分野の学習」が競争のカギを握る 47

「法律相談」「履歴書」をＡＩが代替　49
「わが社専用ＡＩ」がつぎつぎと登場　51
しゃべる生成ＡＩが２０２５年の標準機能になる　53
通勤、通学のお供が「ＡＩ」になる？　55
フェイスブックやXがあなたの「親友」となる日　57
ハリウッドのストライキが物語る仕事消滅の危機　59
この2年の間に「知の怪物」が出現する？　61
「東ロボくん」が示すＡＩの限界　62
人工知能によるコミュニケーションは「空虚」　64
ＡＩは人類を支配しないが、「新たな支配層」を生み出す　66

第3章 10年前の「仕事消滅」当たった予測、外れた予測

オズボーン予測は間違いだったのか？　70

最も外れた未来予測：完全自動運転車の出現　72
自動運転車が人間を死亡させたらアウト　76
「2024年問題」に間に合わなかったモビリティ社会の実現　78
AI審判が生んだ「三笘《みとま》の1ミリ」　80
「審判は人間の方がいい」とは言い切れない理由　82
生成AIの出現により早まった「クリエイターの仕事消滅」　85
並のイラストレーター、写真家は生き残れない　88
令和の時代にビートルズの新作がリリース？　91
仕事消滅への抗議が生まれない日本　96
AIによって、従来の当たり前が崩壊する　99
仕事の誕生と消滅、どちらが速い？　101
物件の契約が決まるスピードを学習させて「売れる物件」を探し当てる　103
AIによる「本当に住みたい街ランキング」　106
電子書籍の登場によってV字回復した漫画業界　108
イノベーションのタイムラグ　110

第4章

雇用の未来予測を狂わせるブルシットジョブ現象

その仕事って本当に必要？ 114
ブルシットジョブで身動きがとれなくなったハリウッド映画 117
第三次産業ではサービスをする人の人口は増えていない？ 119
なぜ無駄な仕事が増殖してしまうのか？ 122
出来が悪いほど都合がいい仕組み 125
意味のない仕事はこれからも増える 127
ブルシットジョブの5つの類型 129
いつまでも成長できない企業のありがちな「反論」 131
ソフトバンクのGPT-4活用術 133
人間VS.生成AIのコピーライティング 135
どの企業も「生成AIの洗礼」を浴びる 138
ブルシットジョブを生み出す「同一労働・同一賃金問題」 140

低所得者の仕事の方が高所得者よりも社会的価値が高い？　142
価値を生み出すひとが意思決定する「ネットフリックス」　145
「超少数精鋭組織」が会社を飛び越え世界を変えていく　147
大手企業の食い物にされる「限界企業」の存在　149
世界各国の企業から踏み台にされる日本の未来　151

第5章 AI車市場で周回遅れのトヨタの運命

創業以来、最大の危機に直面するトヨタ　154
日本人は知らない、本当のSDV車　157
日本の車業界が持つ最大の強みが、開発の「足かせ」に　160
各国がまったく追いつけない、テスラ車の性能　162
EV車の世界市場でトップ争いをする中国　166
これから2年、中国EV市場でのトヨタの売り上げがゼロに？　168

第6章 あの日本企業が世界に⁉ 生成ＡＩ家電のビジネスチャンス

日本がＥＶ化に踏み切れなかった「３つの理由」 171
未体験の走りを誇る「ＢＭＷのＥＶ車」 174
ネックは「コスト高」 176
ＥＶ車を買うなら今が一番お買い得？ 178
自動車保険業界が消失することも 180
イーロン・マスクが考える「３段階のビジネスモデル」 182
なぜトヨタは他国に追いつけないのか 185
テスラの生産スピードが劇的にアップしたワケ 188
ＡＩによる「トヨタ式のカイゼン」を実現 192
自動車業界の消滅が先か、仕事消滅が先か？ 194
トヨタの水素戦略に期待するのは危険？ 198

家電のスマート化が変える家庭内の日常 202
ジェネリック家電とメーカー家電の歴史 204
家電を「タイパ」で選ぶ時代 207
他が追従できない高級家電の「機能差」 209
スマート家電に囲まれた快適生活 211
格安家電を高級家電と同スペックにする方法 213
ＡＩアプリを使えば安物ロボット掃除機をアップデートできる 215
普通の冷蔵庫もスマート冷蔵庫に「魔改造」 217
冷蔵庫の中の「データ」が大きなビジネスになる 219
ＧＡＦＡＭがスマートスピーカー業界を支配するとは限らない 221
個々の企業特性を活かしたＧＡＦＡＭの生成ＡＩサービス 225
「キャラ化」で優位性を発揮する日本企業とは 228
ソニーのライバルはディズニー、Ｋ－ＰＯＰに 232
２０３０年、わが家にピカチュウがやってくる！ 234
完璧ではない存在だから許してもらえる「ニャース」 236

任天堂、バンダイナムコが「ＡＩキャラ」市場に参入も 239
「人工知能が意識を持ち始めた論争」勃発 240
議論の対立に一役買った「デマ情報」の歴史 242
人工知能と人間の純愛はありうるのか 244
ＡＩアシスタントに感情移入させたい「企業の思惑」 246
ＡＩがあなたの一番の理解者になる 248

第7章 これから10年で起こりうる未来シナリオと持つべき「5つの視点」

5つの視点を身に付け、「最悪の事態」を回避する 252
視点1：人工知能のロードマップを理解する 253
「副操縦士」として生成ＡＩがトラブルやミスを未然に防ぐ 256
視点2：地政学的分断と脱炭素の影響を注視する 258

脱炭素リスクを過小評価すべきではない　261
エネルギー不足で経済力を落とした独英と同じ道を辿るか　263
視点3：人口構成の変化による影響を考慮する　265
「年の功」の価値が下がっていく　266
視点4：人工知能のダークサイドを意識する　268
視点5：ラスボスは人間であることに警戒する　272

最終章
イーロン・マスクVS.「ＡＩクソ上司」、最終決戦の勝者は？

最終的に人間を支配するのはＡＩではなく「ＡＩ強化人間」　278
令和の時代に「ＡＩクソ上司」爆誕　279
洞察力を武器にしていたクセの強い部下が不要になる　280
近未来の大企業で、この世の春を謳歌するＡＩクソ上司たち　283

支店が統合しても支店長のポジションが減らない謎　285
昭和の高度成長期のような社内派閥争いが再び　288
頭がイカれた経営者は意思決定が早い　292
イーロン・マスク軍団VS.ＡＩクソ上司軍団　294
日本が迎える２０３０年の世界：「ＡＩクソ上司」勝利パターン　296
日本が迎える２０３０年の世界：「イーロン・マスク軍団」勝利パターン　298

おわりに　301

第1章

「生成ＡＩの冬」がやってくる

「AI」による仕事消滅」がついに始まった

「仕事が消滅したらわれわれの生活はどうなるのか？　この疑問に経済の観点から答えるために書いたのが本書である。これから先、2025年に最初の大規模な仕事消滅が起き、それから2030年、2035年とその規模は拡大していく。その期間を通じて人類の雇用に関しての最大の脅威になるのはAIである」

これは6年前に私が書いた『仕事消滅』という本の一節です。そして本書の中心テーマでもあります。

2024年は2つの意味で節目の年になります。1つはオックスフォード大学のマイケル・オズボーン教授が准教授時代に「10年後から20年後までの間に、人類の仕事の47％が消滅する」と予測したのが2014年だったことに起因します。

第3章で詳しくお話しするとおり、この予測自体はその後、その研究のアプローチについて否定的な見解が相次ぎ、仕事消滅論はいったん下火になりました。

　ところが2022年にChatGPTが出現したことで、仕事消滅への懸念は再燃します。奇《く》しくも２０２４年は、彼が予測したＡＩによる仕事消滅の最初の年にあたるわけです。

　もう1つの意味の節目は、私が最初に書籍で「10年後にトヨタが自動車業界の盟主の座から降りることになる」という主張を始めたのが、同じ２０１４年だったことです。トヨタの業績は直近でも好調で、予言された２０２４年にも、トヨタは約４兆円の純利益をたたき出すという業績予想を発表しています。

「なんだ、予言は外れているじゃないか」

とおっしゃる方も多いかもしれません。しかし、自動車業界の認識はその真逆です。

　確かに乗用車のガソリン車（ハイブリッド車含む）市場においては、年間４７３０万台の販売台数の中でトヨタは世界シェア22％で盟主の座を保ち続けています。しかし、世界中で急拡大する新エネルギー車市場では、全世界合計で年間１０２０万台の新エネ車が販売されたのに対し、トヨタのシェアはわずか1％です。

　ここが過去の予言のポイントです。新市場では、トヨタは業界の盟主の座にもはや座してはいないのです。そして、その大きな要因もまた「ＡＩ」なのです。

ＡＩによる仕事消滅と、ＡＩがもたらす業界消滅はこの先、どう現実化していくのでしょうか。この章ではまず、ＡＩによる仕事消滅の前提が生成ＡＩの出現でどう変わっていくのか、そこから議論を始めます。自動車業界の業界消滅については、第5章で詳しく議論していきます。

ChatGPTの出現という事件

さて、ＡＩのもたらす雇用の脅威に関してさまざまな側面から検討がなされた結果として、これまで定説となっていたのが、

「ＡＩによって仕事はなくならない。なくなるのは仕事の生産性を妨げてきた無数の〝面倒な業務〟である」

という説です。これらの面倒な業務が軽減されることで、ＡＩを仕事の武器として活用できる未来がくる。ＡＩとの共生の時代にはわれわれの生産性は大幅に上がる、というのです。ひと言でいえば、人類はＡＩと共生しながらより大きな繁栄の時代を迎えるというのが、２０２２年までの未来予測の主流でした。

２０２２年末、そこに登場したのが、生成ＡＩ初の実用ツールと言うべきChatGPTでした。

定説のとおりであれば、私たちの仕事の生産性はChatGPT時代には格段に上がります。何かを検索するというそれなりに面倒な手間がなくなれば、仕事や生活での生産性は大きく変わるでしょう。

今のChatGPTはまだおもちゃのように感じるレベルかもしれません。ただ、生成ＡＩは機械学習が急速に進むので、ChatGPTの性能はこの後、指数関数的に向上します。

たとえばいずれ、営業会議ではＡＩがリアルタイムで議事録を文字起こしするようになるでしょう。さらには、会議が紛糾したら、そこでいったんChatGPT（現在の最新バージョンであるＧＰＴ－４からＧＰＴ－８ぐらいになっているかもしれません）に、

「ここまでの議論、どのように意見が対立しているのか要約して」

と言えば、何が論点で、どこで意見が分かれているかをＡＩがまとめてくれるかもしれません。これまでの不毛な議論の時間は一気に消滅するでしょう。

6か月の仕事が数週間で……激変するコンサルティング業界

私の本業は大企業の経営戦略を策定するコンサルティングの仕事ですが、対話型の生成AIを用いることで、コンサルの仕事でも面倒な作業が消滅しそうです。

具体例をイメージしてみましょう。数年後の経営コンサルタントは、ChatGPTに向かって以下のような質問入力を繰り返すことになりそうです。

「A社をとりまく経営環境をざっくりと整理してほしい」
「A社のX事業の競争相手となる主要企業を挙げてくれ」
「それら主要企業について強み、弱み、現在の戦略をそれぞれ整理して」
「X事業の競争環境を変化させる要因について重要なものを5つ説明して。新技術、消費者の変化、海外企業の参入、原材料の入手経路などのような要因でもいいので」

こういった質問をChatGPTの有料版AIであるGPT-4につぎつぎと投げかけていけば、それまでコンサルティングファームの中で5〜6人のチームが数か月かけていた基本分析は、極めて短時間でAIが代わりにやってくれることになりそうです。その頃には音声入力を用いることで、対話形式でこのやり取りができるようになるでしょう。

そうなると、私のようなコンサルタントと、私のクライアントである大企業の経営者はともに、これらＡＩが生成した「現状分析と課題」のレポートに目を通したうえで、初日から「じゃあどうすればわが社は生き残れるのだろうか？」といった具体的な議論に入れます。このイノベーションは、それまで6か月かかっていた経営戦略策定のプロセスを数週間に短縮してくれることでしょう。

6人のコンサルが2つの椅子を争う未来

これが定説の「ＡＩと共生する未来論」なのですが、そのような未来は生産性以外の部分で悪影響はないのでしょうか。

たとえば、コンサルティング業界の雇用数は維持できるかどうか考えてみましょう。

普通に考えれば、コンサルティング業界は少数精鋭に変わるはずです。大企業のクライアントにコンサルティングサービスを提供するために出向いていた6人のチームは不要になり、２人の精鋭コンサルタントがＡＩの力を借りて、それまで以上の超高クオリティの仕事をこなせるようになります。

これまで6か月かかっていたプロジェクトが数週間で終わるとなると、生産性は大幅に上がるでしょう。早く結論が出ればクライアント企業も早く対策を打てるので、論理的にはコンサルタントのアドバイスの価値は上がります。つまり、コンサルタントはそれまでの6か月分の報酬と同じ金額を、数週間の労働で稼げるようになるかもしれません。

では余った時間は休暇をとって、南の島で数か月のバカンスを楽しめるようになるのでしょうか。おそらく、そうはなりません。6人のコンサルタントが2つしかない椅子を取り合うサバイバルゲームが始まるからです。

単純に考えれば、AIによって大幅に個人の能力が増幅される未来においては、過去に存在してきたポジションの数はそれに応じて削減されるはずです。ChatGPTのような生成AIだけでも、ホワイトカラーの仕事の40%ぐらいをこなしてくれるようになるという予測があります。だとすればコンサルだけでなくすべての業種で、ホワイトカラーのポジションは長期的に相応の減少傾向を見せるはずです。

「そんなことはない。生産性が上がった分、産業はイノベーションにより新しい仕事を生み出すから、仕事はむしろ増えるはずだ」

と主張する人々がたくさんいます。「ＡＩと人類が共生する未来」の理論であり、これは今のところＡＩに関わる未来予測の定説になっています。

この説のように、私たちが嫌ってきた「ＡＩに仕事を奪われる未来」は本当に到来しないと言えるのでしょうか。

そんな疑問を元に世界の情報を集め始めてみると、いたるところに不穏な事実が存在することに気づかされます。

中国、インドで始まりつつある「仕事消滅」

たとえばお隣の中国では、若者の失業率が高くなっています。中国政府が発表する都市部調査失業率では、２０２３年5月に16〜24歳までの若者の失業率が20・８％に達しました。中国ではすでに新卒学生の5人に１人、仕事がない状態です。

中国では年間に１１６０万人の若者が就活をします。コロナ禍《か》前は、仕事が見つからない学生は10人に１人だったところが、直近では5人に１人が仕事を見つけられていません。

最近の中国の大企業では、博士や修士でないとエントリーシートを受け付けてくれさえしないところもあり、総じて言えば学卒の若者の就活が厳しい状態になっています。

しかもこの数字は都市部調査失業率で、農村の若者は数に入っていません。これまでは農村の若者が出稼ぎでやってきて都市部で働いていたわけですが、彼らの働き先が玉突き状態でごっそりなくなり、地元の農村部で若者が仕事もなくぶらぶらする状況に陥《おちい》っています。

日本のニュースでは、これらの現象を「中国の景気減速だ」と説明しています。習近平主席直々の指導により不動産業界への規制を強めたことが不動産バブル崩壊をもたらしかけていることや、ゼロコロナ政策による供給の滞《とどこお》りなど、政策が人為的に経済減速をもたらしたと中国の政策を批判する声が強く、直近の失業率の高さはその結果だと考える人が多いのです。

しかし、若者の失業率の上昇は本当に景気だけが原因でしょうか。それを考えるために、もう1つのデータを見ていただきたいと思います。

おなじく急成長を遂げている新興国のインドでは、仕事不足がさらに深刻です。インドでも年間1200万人規模の若者が求人市場に参入するのですが、ＩＴや製造業など主要8業種の求人は、インド全体を合計しても60～70万人規模でしかありません。結果として大卒のインド人の大半は、零細の自営業や日雇い契約での小売業・サービス業の仕事に就かざるをえません。

実はインドは女性の労働参加率が25％と低く、かつ男性の労働参加率も57％とそれほど高くはありません。総数２４００万人の若者人口の約半分しか就活をしない社会であるにもかかわらず、大学は出たけれどもまともな仕事がない人が大半なのです。

好況だからこそ、失業が増える？

「リープフロッグ（かえる跳び）現象」という言葉があります。途上国が最先端技術を導入することによって一気に先進国よりも高い発展を遂げる現象を指しますが、その視点から中国やインドの現状を捉え直すと、ある可能性が見えてきます。これは不況ではなく好況が理由で起きた失業であるという可能性です。

要するにコロナ禍で中国、インドでもＤＸを強固に推進せざるをえなくなり、業務の生産性を徹底的に上げていった結果、急成長中の大企業が必要とする従業員は日本企業以上に少なくなってしまったのだと捉え直すことができるのです。

日本では大卒の就職者は年間約40万人、20〜24歳までの青年失業率は9・0％です。そして就活生の人気が集中する大企業は求人倍率が0・6倍程度です。これらの数字から、空前の売り手市場の中、就活に成功した学生の数を多めに推定したとして25万人程度。それと比較すればインドの大企業に就職できる学生が70万人しかいないという状況は、インドの巨大な人口を考えるとかなりの狭き門です。

日本でも就活に失敗して正社員の職にあぶれた若者が非正規雇用に向かうように、インドや中国でも同じ流れができているのですが、数字を見ても、現地の情報を見ても、どちらの視点で見ても仕事がない深刻さは日本よりもインドと中国の方が上です。このことを、

「仕事消滅による雇用の冬は、すでにインドと中国で始まっている」

と見ることはできないでしょうか。

テスラとトヨタの比較から見えてくる「圧倒的な差」

この見方が正しいかを検証するために、リープフロッグ現象が起きていそうな分野の別の数字を見てみましょう。自動車業界の数字です。

新興自動車メーカーであるテスラの従業員数は約13万人であるのに対して、トヨタの従業員数は約38万人（連結）です。テスラは２０２３年、１８０万台のＥＶ（電気自動車）を販売する計画であるのに対して、トヨタは全車種含め１０１０万台。テスラと同じ台数あたりならトヨタは７万人の従業員数となり、一見、生産性はトヨタの方がいいように見えます。

しかしテスラの場合、川上統合が進んでいて、充電池含め大半の部品を自前で研究開発し製造していますし、販売網も自社でまかなっています。さらには、トヨタにとってのガソリンスタンド網に相当するＥＶのスーパーチャージャー網も自前で作っています。

これら部品会社、ディーラー、ガスステーションが生み出す雇用は、自動車会社単体の８・９倍になるとされています。その補正を加えると、年間１８０万台の車を販売するためにテスラが13万人の雇用を必要としているのに対して、トヨタ陣営は約60万人を必要としていることになります。

あくまでざっくりとした計算ですが、後から誕生して、過去のビジネスモデルに囚《とら》われ

ベルリンにあるテスラのギガファクトリー内
[写真提供:dpa/時事通信フォト]

ずに最も生産性の高いビジネスシステムを最初から組むことができるテスラは、トヨタの5分の1の雇用で同じ大きさの自動車ビジネスを維持できるのです。

そんなテスラに期待をしているのがインド政府です。2023年に注目されたモディ首相とイーロン・マスクの会談の様子から推測するに、きわめて近い将来、テスラはインドに(メキシコに次ぐ)世界7番目のギガファクトリーを建設することになりそうです。

しかし、テスラが最大限にインドでの雇用を拡大したとしても、そこで生み出される新規雇用は2万人に過ぎないとしたらどうでしょう。1100万人規模で仕事が足りないインドに対しての、この雇用規模では焼け石に水ではないでしょうか。

AIが「囲碁」をしなくなった根源的な理由

そしてここが一番恐ろしいポイントなのですが、インドのような新興国やテスラのような新興企業で起きているリープフロッグ現象が示す雇用減少はあくまで、ChatGPT出現以前の世界の話だということです。主としてＤＸの推進と、そこでの生産性向上に用いられた旧タイプのＡＩがもたらした仕事消滅だけで、今、若者の失業が急増しているのです。

では、生成ＡＩがもたらす仕事消滅はこれからどう進んでいくと予測されるのでしょうか。

実は先述のオズボーン教授の予測以降、２０１４年から２０２３年までの「仕事消滅に向けた最初の10年間」においては、ある制約条件がＡＩの進化を妨げていました。

それは、データ処理能力の不足です。

ディープラーニングによってＡＩが人間を超える可能性が生まれてから、すでに11年がたちます。しかし、実際に人間の頭脳を超えるようなAIを育てるには、莫大なデータ量（ビッグデータ）に加えて、巨大な計算能力が必要です。

人類史上初めて囲碁の世界チャンピオンを撃破したグーグルのAI・アルファ碁が囲碁の頂点に立った直後にあっさりと引退した理由は、それだけのコンピューティング能力はAIの他の領域で用いるべきだという、経済的な事情からでした。

ディープラーニングが実用化された当時、世界最速のスパコンといえば日本の「京《けい》」でした。京の名前は1秒間に1京回、つまり10の16乗回の計算をこなすことができることに由来しています。そして実は、この1秒間に1京回とは、人間の脳の計算能力とほぼ同じ。だからこそ、この計算能力で学習したAIは人類に匹敵し、それを凌駕《りようが》する能力を発揮できるというわけです。

2010年代中盤から後半にかけてのディープラーニングブームの際には、世界を合計してもこの計算能力が圧倒的に不足していました。ハードウェアの量が足りなかったのです。その結果、ビジネスの世界では投資対効果が高い領域にAIの開発を集中させました。それがフィンテックと自動運転技術領域だったわけです。

世界中にスーパーコンピューターが溢れかえる

ところが近年、高速計算能力が以前よりもずっと簡単に手に入るようになってきました。

ChatGPTの出現以降、世界のＩＴ企業が競って調達しようとしている新しいＧＰＵ(Graphics Processing Unit、コンピュータの画像処理装置)があります。エヌビディアのＨ１００という製品で、１個５００万円近くもするＧＰＵなのですが、その計算処理能力は１秒間に０・４京回。

これを仮に3個並列させれば、たった１５００万円の投資でかつてのスパコン「京」の計算能力を超えるハードウェアが手に入ります。その潮流から誕生し、想定外の形でのブームを巻き起こしたのが、生成ＡＩのChatGPTだと時代の流れを捉えることができます。

ChatGPTが出現した直後に、テスラ創業者のイーロン・マスクがこのＨ１００を1万個調達したことが話題になりました。イーロン・マスクはそれを使って巨大なスパコンを作り、「X」という名前の新会社を立ち上げ、ビッグデータ活用の新ビジネスを立ち上げることを表明しています（後に買収したツイッター社と統合し、ツイッターも「X」に名称変更）。仮にそれをすべて使ったスパコンを作った場合、その処理能力は1秒間に400京回という、かつてない計算能力規模になります。

しかも、これだけの規模の投資を行うのはイーロン・マスクだけではありません。マイクロソフト、アマゾン、グーグル、ゴールドマン・サックスやモルガン・スタンレー、そして無数のベンチャーなどあらゆるIT企業が同様の投資を始めています。ちなみにアメリカの金融機関は日本と違い、すでに中身はIT企業です。

それに対応するために、台湾最大の半導体製造会社TSMCはエヌビディアのH100の増産投資を行っています。当面の間、世界の半導体投資は拡大し続けるでしょう。

生成AIが「格差」を拡大させる？

マイクロソフトがオフィス365のオプションサービスとして、GPT－4の機能を組み込んだサービスを提供しようとしていますが、その月額利用料は30ドルに設定されています。オフィス365のサブスク料金はこれまでの最低料金が12ドル程度でしたので、上乗せ料金の方がはるかに高いことになります。

「それだけマイクロソフトがぼろ儲けをしようとしているんじゃないの？」

と思われるかもしれませんが、実情はおそらくその逆です。

実は生成ＡＩに関しては学習段階でも巨大な計算能力を必要としますが、サービス提供段階でも同様に巨大な計算能力が必要です。ChatGPTタイプの生成ＡＩが企業システムに組み込まれるようになると、今までと違い、従業員が一日中ＡＩにアクセスするようになります。そうなると、データセンターの情報処理量は桁違いに大きくなるのです。

ＧＰＴ－４を組み込んだオフィスアプリは、クラウド上の計算能力を増強してもそのリソースを大量に食うのです。マイクロソフトとしては料金を上げることでコスト増をカバーするとともに、料金を高く設定することを通じて、利用者の数を処理能力が維持できるレベルにまで減らさなければいけません。

このように考えていくと、生成ＡＩはインターネットのように無料ではなく、そこそこ高い価格帯で普及すると予測されます。そのため、そのお金を払える人、払える企業から先に利用が広まります。つまり、富める人や大企業の生産性が高くなり、貧しい人や零細企業はますます貧しくなるという世界が予見できるのです。

世界中で進む生成AI開発競争

さて、ここまでお話しした事情から、これから世界中のIT企業やベンチャーが手掛けるAIプロジェクトの大半は、生成AIをChatGPTの後追いで育てて使うプロジェクトになるでしょう。もちろん、一部はこれまでになかった新たなAI、つまり汎用AIのような2030年代の世の中を変えてしまうルールブレイカーを出現させる研究にも向かうのですが、投資の大半は生成AI市場が主流になります。

生成AI市場には、ChatGPTを開発したオープンAI社以外にも10数社のユニコーン企業が存在します。オープンAIは時価総額290億ドルと圧倒的に大きいのですが、ChatGPTと同じ一般向けの対話AI分野では、44億ドルのアンソロピック、12億ドルのインフレクションAI、10億ドルのキャラクターAIといった顔ぶれです。

マイクロソフトがオープンAIに出資をしたことに対抗して、アマゾンとグーグルはそれぞれアンソロピックに出資しています。ChatGPTタイプの対話型AI開発競争は、この2社が市場を引っ張りそうです。

アプリケーション、つまり適用分野では、画像や動画の生成編集でアドビが「ファイアフライ」というアプリをすでに公開していますが、この分野にもユニコーン企業が多く存在します。時価総額18億ドルのイスラエルのライトリックス、15億ドルのアメリカのランウェイ、10億ドルのイギリスのスタビリティーＡＩといった顔ぶれです。他にもＡＩのビジネス利用を重視するユニコーン企業、開発者支援にフォーカスしたユニコーン企業などが存在します。

そういった裾野の広がりを想定して予測すると、２０２４年以降の近未来のビジネスの世界では、これらのユニコーン企業やそのユニコーン企業の技術を取り入れたＧＡＦＡＭが提供するサービスをベースに、日本企業を含めた一般企業がよりニッチな領域でのＡＩアプリケーションを開発する未来が見えてきます。

たとえば生命保険のプランの生成、経理の仕訳の自動化、コンタクトセンターの回答、法テラスに代わるスマホでの法律相談、ウェブメディアの記事に添える写真の自動生成など、仕事をするにあたりちょっとした手間だと考えられてきた業務領域に、つぎつぎと生成ＡＩが進出して、仕事をサポートしてくれるようになるでしょう。

大半のビジネスパーソンの仕事は、生成AIで代替可能

生成ＡＩが得意とする仕事は大きく分けて３つあります。「調べること」「整理すること」「模倣すること」です。これらの能力を生成ＡＩが仕事で発揮してくれるようになることで、私たちの仕事はどう変わるのでしょうか。

ここが人類にとっては一番のカギとなる質問です。おそらく人類の大半はこの「調べる」「整理する」「模倣する」の３つの業務に従事しているはずだからです。

ChatGPTを生み出したオープンＡＩのサム・アルトマン氏は、「ＡＩがなくすのはジョブ（雇用）ではなくタスク（業務）だ」と主張していますが、その小さなタスクの消滅が積み重なることで、何が起きるかを予測すると、それはホワイトカラーの仕事量の大量消滅に他なりません。

つまり、ＡＩをフルに活用することで極めて高いビジネス生産性を謳歌《おうか》できる未来は、一部のビジネスパーソンにとっては朗報であっても、大半のビジネスパーソンにとっては自分の仕事の消滅、つまり「ＡＩの冬」のはじまりを意味することになりそうなのです。

第2章

ＡＩの脅威に屈しない「上位16％の支配者たち」

ChatGPTは「逆順」で考えると理解しやすい

さて、前章の終わりで「生成ＡＩが得意とする仕事は大きく分けて３つあります。調べること、整理すること、模倣することです」と言いましたが、ここでそもそものChatGPTの仕組みから、その意味するところをもう少し深掘りしたいと思います。

ChatGPTの本質は、実は逆順の「T→P→G→Chat」で捉えると理解しやすくなります。

「T」はTransformer（トランスフォーマー）の略で、これは機械学習の専門用語です。文章を単語に分解して重みづけをしたうえで、重要な単語に重きを置くというＡＩの学習方式のことを指します。

トランスフォーマー方式だと精度が高いまま学習スピードが速くなるということで、この「学習スピードが速いＡＩ」というのが、ChatGPTの１つ目の特徴だと捉えることができます。

次の「P」が意味するのはPre-trained、つまり「事前に学習された」という意味です。

ここが一番誤解されているところなのですが、ChatGPTは事前に学習した範囲内でアウトプットを出してきます。はっきり言うと、ChatGPTには創造力はありません。事前に調べた範囲内で整理して模倣する、その成長スピードが速いＡＩがChatGPTということです。

Ｐの意味するところについては、この後改めて深掘りして考えてみたいと思うのですが、ここではChatGPTは「既存のものを素早く上手に模倣する機械」だと理解して、先に進んでいきましょう。

３番目の「Ｇ」が意味するのが生成（Generative）です。この「生成するＡＩ」という言葉がパワフルなためにChatGPTの性能が過剰に評価されてしまっているのですが、Ｐのところで説明したように、生成してアウトプットできるのは過去に学習した範囲内の整理、ないしは模倣までです。新しいものを創造する形での生成能力は持たない、その意味では限定的な性能しか持たない機械だと理解してください。

そしてChatGPTの最大の特徴が「Chat」、つまり「対話形式で使える」ということです。これはChatGPTが成功した商品特徴そのものなのですが、自然言語を入力していけば答えをどんどん生成してくれるため、便利なのです。

このように4つの特徴をT→P→G→Chatの逆順で解釈すれば、ChatGPTの正体とは、「学習スピードが速く、既存のものを素早く上手に模倣し生成する、対話形式で使える機械」であることがわかります。能力が限定的とはいえパワフルなAIが出現したというのが、2022年11月に起きたChatGPTの出現という「事件」の正体です。

グーグルの危機

この4つの特徴が揃ったことで、最初に危機に直面したのがグーグルです。

私たちは1日のかなりの時間、グーグルで何かを検索しています。しかし、グーグル検索には2つの欠点がありました。

1つはキーワードをどう選ぶかで検索結果が変わること。最初から適切なキーワードを選ぶことができればすぐに目的のサイトが出てきますが、場合によってはキーワードの組み合わせを何度も試していく必要に迫られます。

次に、表示された検索結果のサイトの中身を1つひとつ見ていく必要があること。そして、「このサイトには調べたいことが書いていない」とか、「このサイトの説明はわかりにくい」とぼやきながら時間が過ぎていくのです。

この２つの欠点をChatGPTは取り除いてくれました。今やマイクロソフトのブラウザであるエッジにはChatGPTを実装した検索エンジンであるBingがついていて、調べたい内容を自然言語で入力すれば、対話形式でより早く答えを見つけることができるようになりました。

そして今後、「調べる」「整理する」「模倣する」の３つの仕事が生成ＡＩによって、より洗練された形で短時間でこなせる未来がやってきます。その意味するところが近未来の可能性である半面、社会にとっての危険性になるのです。

「ニッチ分野の学習」が競争のカギを握る

では、生成ＡＩはこれからどうなるのでしょうか。

今、世界中のＩＴ企業が独自ないしは提携の形で、新しい生成ＡＩを育成しようとしています。

ここでカギとなるのが、先ほど申し上げたT、つまりトランスフォーマーの側面です。

これから出現するであろう新しい生成ＡＩは、成長スピードがとにかく速いのです。それはトランスフォーマーという機械学習方式に加えて、エヌビディアが提供する最新のＧＰＵの性能がスパコンクラスに上がってきているというもう1つの要素も関係してきます。

繰り返しになりますが、ＡＩベンチャーがエヌビディアのＧＰＵを3個購入して組み合わせれば、１５００万円程度の投資でスーパーコンピューター「京」と同じ計算速度のスパコンを作れてしまいます。それを手元に置いて生成ＡＩを育成すれば、独自の生成ＡＩができあがる。そんな研究がこれから世界中で行われます。

その際に、それぞれのＡＩの差異を生み出すのがＰの部分、つまり「何を学習させるか」です。

ここでBingやグーグルの「Bard」といった先行組のＡＩはインターネット情報を学習していることを思い出してください。ググって出てくる情報についてはこれらのＡＩが先行しています。そこで、後発のＡＩはインターネットに載っていない情報の学習にフォーカスするだろうというのが、１つ目の予測です。

「法律相談」「履歴書」をＡＩが代替

弁護士ドットコムがオープンＡＩと提携して独自の弁護士ＡＩを育成しているのが、その典型的な試みです。


ChatGPTはあくまでインターネット情報しか学習しませんから、たとえば、

「離婚を考えているのですが、慰謝料はいくらかかりますか？」

と質問しても、

「そうですね。慰謝料はケースバイケースで変わります。その金額はさまざまです」

としか回答が返ってきません。


しかし、弁護士ドットコムの会員しか見ることができないイントラネットの内容を学習すると、ＡＩの答えは次のように変わります。

「離婚の慰謝料はケースバイケースですが、大半の判例ではおおむね50万円から２００万円の間に収まっているようです」


このように弁護士のノウハウを学習することに特化したＡＩが育つようになると、この

先1～2年でＡＩを用いた法律相談が圧倒的に便利になります。それを見越して弁護士ドットコムはＡＩの育成に力を入れているわけですが、その先に起きるのは人間の弁護士が無料相談に乗ってくれる法テラスの衰退です。無料相談はスマホ上のチャットで代替できるようになるからです。

転職サービスのビズリーチではレジュメを生成ＡＩに書かせるサービスを開始しました。「個人情報をＡＩが学習することは是か非か」という問題はまだ議論の途中のルールの段階だ、ということをいったん脇に置いておくと、転職サービス会社のイントラネットには過去の大量の転職者のレジュメが保管されています。その情報をＡＩが学習して、すぐに転職できた人となかなか転職できずに苦戦している人のレジュメの差異を把握すれば、ＡＩは自分をより効果的に売り込める履歴書を人間よりもうまく書けるようになるはずです。

ビズリーチでは実際に、機能を使った人と使わなかった人とを比較したところ、使った人の方が、企業からの問い合わせが4割多くなったといいます。自分の頭で考えるよりも、生成ＡＩを最初から使いこなすビジネスパーソンが生産性競争で勝つ時代が来たのです。

「わが社専用ＡＩ」がつぎつぎと登場

実はこのような社内限定のＡＩは今後、つぎつぎと自動的に誕生することになりそうです。その兆《きざ》しの1つが、オープンＡＩが提供を始めた「ChatGPT Enterprise」という商品です。

これはカタログスペックとしてはＧＰＴ－４を基盤技術として使用し、利用回数の制限なしで社員が使うことができ、動作スピードはこれまでの2倍というものです。

そして企業にとって重要な点は、利用企業のデータを基盤技術の訓練に使用せず、会話内容は暗号化されるという点です。

今、通常のＧＰＴ－４は月額20ドルでそのサービスを使うことができるのですが、問題は、機密情報を入力するとその機密がオープンＡＩの側に学習されてしまうことになることです。

たとえば全国に展開する飲食チェーンの従業員は今後、店舗開発の際には、「未展開エリアに新規出店をしたいので、わが社の空白地点で有望な順に出店候補地を2

00か所挙げてくれないか?」

「北海道エリアに5か所出店するのと関西エリアに5か所出店するのとでは、どちらが早く黒字になりそう?」

「わが社の関西エリアで業績がいいのはA店とB店、C店の3か所だが、候補地でこの3店舗よりも多くの売上が見込める立地はどれくらいある?」

といった具合に質問をしながら、出店地を選んでいくことになるでしょう。ところが、こうした質問をすればするほど、自分たちの出店計画がAIに学習されます。この例だけならまだ大した被害はないかもしれませんが、社内会議の議事録のまとめを従業員がChatGPTに丸投げするようになれば、社内の議論をすべてAIが学習してしまいます。

そのため、ChatGPT Enterpriseが「利用内容を基盤技術の学習に利用しない」という前提が大企業にとってはまずもって重要になるのですが、その安心が担保されることで、次の段階として大企業の側は、

「それならばもっと積極的に、わが社の内部データをAIに学習してほしい」

と考えるようになります。

一般的なインターネット上の情報だけを事前学習しているGPT-4からは所詮、一般

的な回答しか出てきません。一方、社内のさまざまな営業レポートや会議議事録を積極的に学習してくれたＡＩなら、自社の課題により早く、より深く回答してくれる可能性が出てきます。

おそらく数年以内にChatGPT Enterpriseというサービスはこういった方向に進化していくと予測できますが、そうなると結果として、各社独自のノウハウを学習した無数の人工知能が誕生していくことになります。

三菱商事には三菱商事の社員のように思考するＡＩが、ソニーグループにはソニーグループの社員のように思考するＡＩが誕生します。そして過去の機密データすべてを学習したうえで、社員の機密ランクに応じてアドバイスを返してくれるようになります。組織としての集合知が人を介さずに受け継がれるようになるのです。

しゃべる生成ＡＩが2025年の標準機能になる

生成ＡＩの進化についてはもう１つ強調しておくべき点があります。文字ベースで始まった生成ＡＩツールですが、２０２４年には音声ベースにサービスが進化するということです。

２０２３年9月、アマゾンはスマートスピーカーの「エコー」に、生成ＡＩ技術を適用した対話型の新型Alexaを搭載する予定だと発表しました。Alexaはこれまでも、音声認識技術の精度向上で反応時間が大幅に短縮されるようになってきています。そこに生成ＡＩを組み合わせるというのです。

具体的には最新の大規模言語モデルを適用することで、人間とAlexaとの会話が、まるで人間同士が会話しているように行えるようになるというのです。

このニュースに続いて同じ9月にはオープンＡＩも、ChatGPTが新たに「見ること、聞くこと、話すことができるようになった」と、サービス機能拡大を宣言しました。対話型の生成ＡＩと会話をしながら相談をすることができるようになったのです。

技術的には音声認識技術の正確さと生成ＡＩの反応スピード、機械音声の性能の３つの壁を超えることができれば、既存の生成ＡＩの能力で実現できる機能であることは間違いありません。この先、反応スピードが上がり、かつ、機械音声が人間の音声にどんどん近づいていくにつれて、私たちはスマホやスピーカーに話しかけながら、まるで人間のようなＡＩと会話をする時代がすぐにやってくるはずです。

順序としてはまずは２０２４年に英語圏で実用化レベルに近い商品が登場し、１年ほど遅れて日本語でも同じようなサービスが提供されるようになるでしょう。日本語の方が適用マーケットが小さいため開発が後回しになる点と、英語ほど論理的な言語ではないために性能が若干劣ることが予測されますが、いずれにしても２０２５年までにわれわれの日常が変わるはずです。

通勤、通学のお供が「AI」になる？

生成ＡＩが出現した当初に、このことに真っ先に気づいたのがコンタクトセンター業界でした。生成ＡＩ技術と音声認識技術を組み合わせることで、コンタクトセンターではそれほど遠くない将来に8割から9割のレベルでの従業員の大量のリストラが発生すると予測するアナリストもいます。

この変化は単純な側面としては、iPhoneのSiriのようなＡＩサービスがより自然で便利にいろいろな情報を処理してくれるようになるという話から始まるのですが、その次のステップとしては、ＡＩが人間の一番の話し相手になるという進化の側面があります。

何か用事があるときにＡＩに話しかけるのは当然として、何も用事がないときにもＡＩに話しかけることで時間が潰せるうえに、それが何よりも心地いいと感じるようになるのです。

たとえば通勤や通学の時間、今、ほとんどの人はスマホを眺めながらＳＮＳをチェックしたりゲームをしたりしています。これらは基本、１人での作業ですが、ここに生成ＡＩが加わると２人で会話をしながらＳＮＳをチェックしたりゲームをしたり、YouTubeの動画を見たりできるようになるわけです。

話しかけてくる相手が人間の友達ではないという状況をイメージしてみてください。動画を見ながら、「ははは、バカじゃないのこいつら」とか、ゲームをしながら「おっとあぶねえぞ、前の奴はちょっと手ごわい敵みたいだ」とか、ＳＮＳのタイムラインを眺めながら「すげーわかるよこの発言。俺も経験があってさ、同じ失敗したんだよな」とか、スマホに搭載された人工知能が話しかけてくるという状況です。

それが会話として極めて自然に成立しているとしたら、ないしはツッコミとして極めて的確だったとしたら、それはただ１人でスマホを眺めるよりもずっと楽しい体験かもしれませんよね。

しかもそのキャラは1種類である必要はありません。5人ぐらい違ったキャラ、違った年齢設定、違ったジェンダーで、違った距離感の設定の話し相手が常時スマホの中にいて、今、話をしたいキャラをそのときどきで呼ぶことができるようになります。

フェイスブックやXがあなたの「親友」となる日

これはAIの技術進化を考えると、2020年代後半に確実に出現する未来です。

そしてここが面白い点なのですが、実はこの流れに一番速く乗ることができるのはアップルでもマイクロソフトでもグーグルでもアマゾンでもなく、SNS大手になります。具体的には1番手はメタ（旧フェイスブック）、2番手はX（旧ツイッター）です。

よく言われることですが、フェイスブックはあなたが一定数の友達とつながったうえで150回「いいね！」ボタンを押した段階で、誰よりもあなたのことを理解するようになるそうです。そして300回「いいね！」ボタンを押す頃には、フェイスブックはあなたよりもあなたのことを理解するようになるというのです。

このように書かれるとまさかと思うのですが、現実に自分のフェイスブックやXのタイムラインに出現する書き込みを眺めれば眺めるほど、自分が仲良くなりたいと思う相手の私が読みたいと思う情報の優先順位が高くなって流れてくることに気づかされます。

これだけ私のことを理解している会社が、私が好むような会話を生成できるようなAIを育成して、そこに音声認識技術と音声合成技術を組み合わせたらどうなるでしょうか。「AIの親友」の誕生です。

もしマーク・ザッカーバーグが賢ければ（おそらく相当賢いはずなのですが）、生成AIの出現直後にはあの出来の悪いメタバース製品への注力を早々に切り上げて、今ごろは生成AIによる人工友達の育成に力を入れているはずです。Xも同じで、イーロン・マスクが1万個購入したエヌビディアのGPUからは、無数のAIフォロワーが出現して、Xのタイムライン上で私たちの承認欲求を居心地のよい形で満たしてくれるために使われ始めるかもしれません。

そして2年後の世界では、まさに自分が心地よいと考える対話がリアルタイムの音声で返されるようになる。そのとき私たちはリアルな知人・友人よりも、AIとの会話で1日中時間つぶしをするようになるのかもしれません。

少なくとも生成AIの出現で、このことはリアルな未来予測になったのです。

ハリウッドのストライキが物語る仕事消滅の危機

さて、ここまでが生成ＡＩ狂騒が巻き起こす近未来のビジネスの変化なのですが、実は生成ＡＩがもたらす仕事消滅の危険性という意味では、見過ごされているもっと大きな危険が存在しています。それはＧＰＴのＰ（事前に学習された）に関連する、学習内容の範囲に関わる問題です。

２０２３年5月に始まったハリウッドの脚本家たちによるストライキは、５か月かけてようやく終息しました。ここで脚本家たちが掲げていた要求の１つが、「過去の映画作品の脚本をＡＩに学習させない」ということです。過去の作品を大量に学習したＡＩが脚本家たちの脅威になることを、ハリウッドの脚本家たちは大いに危惧しているのです。

生成ＡＩが出現してしまった以上、世の中のあらゆる情報が生成ＡＩの学習対象として求められていくことになります。だからこそ、仕事を守るためにはクリエイターや作家、役者などの表現者がこれまで創造してきた作品を学習させない権利や、これから学習させる場合には表現者が十分に利益を上げられるルールの確立が本当は必要なのですが、その議論がなかなか進まないのです。

今のところＥＵの規制が一番進歩的なのですが、それですら「ＡＩが何から学習したのかを明記する規制を２０２５年に導入できることを目指す」という内容です。そこからどう報酬を分配するのかといった議論はまだ始まってすらいないのです。

そしてこのＥＵの規制が始まる前に、まだ誰も予測していない生成ＡＩの最大の危険性が水面下で進行していくと私は見ています。２０２５年末に新ルールが適用されるのであれば、それまでにまだ最大2年ほどの猶予期間がある。ＡＩ開発大手はそのように考えるかもしれないからです。

実は今の時点で生成ＡＩに模倣されていない人類最大の叡智《えいち》は「書籍」と「論文」にあります。

今のところ、生成ＡＩはインターネット上の情報からせっせと学習を重ねています。ですからチャットをしてもインターネットにある情報しか答えてくれません。

しかし、ＧＡＦＡＭの一部の企業は書籍についても膨大なテキスト情報を保有しています。彼らがＡＩの学習領域を書籍や学術論文に移し始めたらどうなるでしょう。

この2年の間に「知の怪物」が出現する？

日本人に対してこのような問題を提起すると、
「それは著作権法に抵触する可能性があるから、まずはその点で争えばいい」
と考えがちなのですが、ＧＡＦＡＭはそういう思考をしない企業体です。まずやってしまったうえで、訴訟に立ち向かうというのが彼らの基本スタンスです。

日本では毎年7万冊の書籍が発行されます。過去30年で発行された新刊はざっと２００万冊。全部買っても数十億円程度で、ＧＡＦＡＭから見ればこの程度の投資でインターネットにはない専門書の知識を学習させることができます。

スパコン並のＧＰＵを数万の単位で並べ、Ｔで象徴される学習スピードで、Ｐが意味する学習範囲を全世界の国会図書館レベルの莫大なデータ範囲まで拡大したら？　そんなＡＩが出現する未来を想像すれば、それは人類の叡智そのものだということがわかります。

それは間違いなくこれまでのインターネットの数百倍も便利なツールになるはずなのですが、同時にそれはあらゆる知の価値を劇的に下げてしまう怪物になる危険性を包含しています。

この「知の怪物」の出現確率は、私はかなり高いと考えています。その未来を私たちは生き抜いていかなければならなくなるのです。

「東ロボくん」が示すＡＩの限界

この章の最後に、人工知能の性能の限界についても確認しておきましょう。

知識の範囲という意味で人工知能が「知の怪物」となったとしても、思考力では依然、人間の方が強い領域が存在することがわかっています。そのため、人工知能により大量の仕事が消滅するとしても、「人工知能が人類を支配する」というのは絵空事《えそらごと》だと考えられるのです。その根拠についてお話ししたいと思います。

仕事消滅論が起きた当時、国立情報学研究所の新井紀子教授が率いる「東ロボくんプロジェクト」に日本のＡＩ関連の頭脳が集結していたことで、現行方式のＡＩの性能限界がある程度はっきりすることになりました。

東ロボくんプロジェクトとは、「人工知能を育てることで東大受験を突破できるか」を

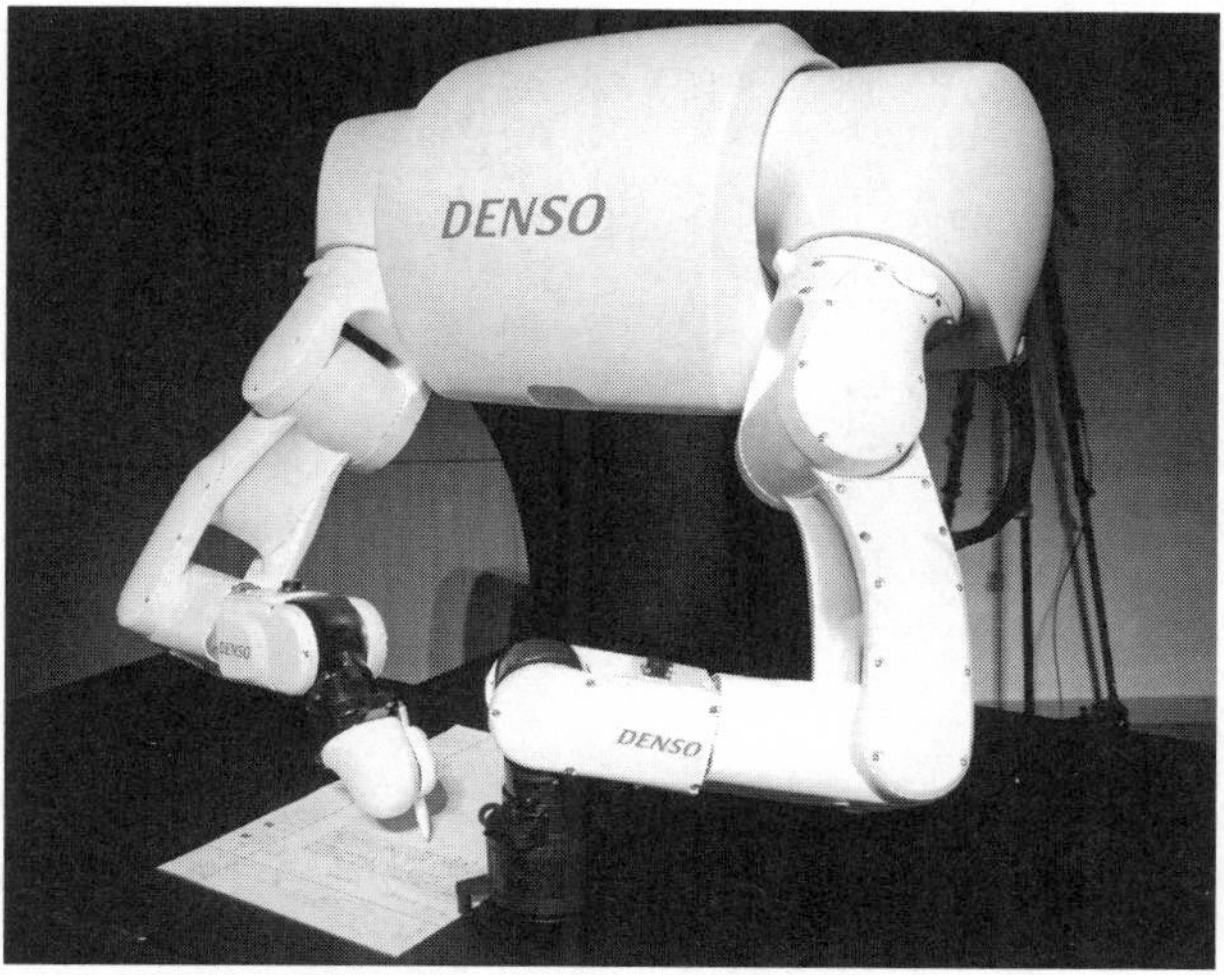

東ロボくんの回答を書くロボットアーム「東ロボ手くん」
［写真提供：時事］

試みたプロジェクトでした。結果としては、人工知能は東大入試を突破できないというのがプロジェクトチームの結論になりました。

その理由ですが、数学や世界史といった分野ではＡＩは非常に高い偏差値をたたき出すのですが、国語と英語では偏差値が50近辺以上には上がらなかったのです。２０１６年の模試で総合偏差値が57・１まで上がったところで、公式なプロジェクトは終了しました。

東大に入学するためには偏差値が70台に達する必要があります。偏差値70以上というのは、１０００人の中で上位22人に入っていることを意味します。言い換えると97%の人類よりも勉強ができないと、この水準に入ることができません。

一方で偏差値50前後とは、1000人の中で500位前後に入っていること、つまり人類の平均レベルの学力だという意味です。東ロボくんが到達した偏差値57は上位24%を意味します。

国語にしても英語にしても、試験で問われるのは読解力です。文章に書いてあることを正確に読み取る能力が、いくら学習しても人工知能は並の力しか獲得できなかった。だから人工知能には人間と正しくコミュニケーションする力は備わらない、ということが明らかになりました。

人工知能によるコミュニケーションは「空虚」

実は東ロボくんプロジェクトが解散した後、人工知能の語学力はそこからかなり向上したという報告があります。2019年のセンター試験の英語筆記試験で、人工知能が偏差値64・1を記録したのです。GPT-4が会議の議事録や論文の要約をまとめられるのは、その能力向上の一端を窺《うかが》わせます。最近のグーグル翻訳の精度が上がってきたことからも、そのことが推測されます。

ただ、ＡＩの能力が上がってきたことは確かですが、ＡＩが文章の意味を理解できるようになったわけではありません。確からしい答えを推測で返してくるその精度が上がっただけです。二進法の計算機の限界をＡＩが超えられていないことに変わりはありません。

つまりここで判明している人工知能の限界は、人工知能は論理力や記憶力には優れていても、読解力やコミュニケーション力には決定的な欠陥があるということです。

具体例を１つ挙げると、金融機関が販売する「仕組み債」のような複雑な金融商品があります。見た目上利回りが大きくて有利な金融商品に見えるのですが、隠れたリスクが小さい字でどこかに書いてあって、本当は消費者の不利になる投資商品だったりするものです。この仕組み債の説明書（目論見書《もくろみしょ》）をＡＩに読ませて「この商品のリスクを教えて」と訊《たず》ねても、現在のＡＩはもちろん、未来のＡＩですらそれをきちんと見抜くのは容易ではないかもしれません。理由は、ＡＩには緻密《ちみつ》な文章を正しく読み取る国語力がないからです。

もっと身近なものとして、携帯電話のプラン比較も同じです。国語力が人間よりも劣る

ＡＩツールに、各社のさまざまな携帯プランを学習させて、「私にぴったりのプランはどれ？」と訊いても、間違った答えがはじき出される可能性が高いわけです。

でも、もっともらしい返事はできます。先ほどＳＮＳ企業が生成するＡＩはあなたのよい話し相手になると言いましたが、それはあなたのＳＮＳのタイムラインに表示されるポストを読んで、それと同じような「もっともらしい意見」や「共感を得られそうな返事」を生成しているだけです。つまり話し相手にはなるのですが、その会話は実は意味を理解していない空虚なものなのです。

ＡＩは人類を支配しないが、「新たな支配層」を生み出す

人工知能の性能限界がわかったことで一番勢いづくのは、文系のビジネスエグゼクティブでしょう。何しろ自分の弱点である論理的思考や分析思考といった理系の能力はＡＩツールで補うことができるようになる一方で、人を動かすコミュニケーション力ではＡＩツールよりも自分の方が力量が上なのですから。

この限界からわかることは、この先の未来では人工知能が人類を支配するのではなく、

人間が人類を支配するという点には変わりがないということです。しかも人類を支配する人間は、ＡＩによってパワーアップした強化人間になります。この点で、ＡＩ強化上司はこれまでの支配者たちよりも新しい支配者ははるかに手ごわい敵になるはずです。

逆に悲しいことに理系の技術者はこれまでどおりというか、これまで以上に日本企業の中では冷遇されるようになるかもしれません。会社の中では理系人材は、口先が回って政治力があるうえにＡＩでパワーアップした文系のライバルに出し抜かれてしまいます。そして自分の専門価値は生成ＡＩの台頭によって徐々に削られていきます。

例外が、理系でもＡＩに関わるエンジニアです。勉強のできる理系の学生はこの先、競って情報工学分野に進学するようになるでしょう。私立の医学部の偏差値が旧帝大並みに高いように、この先、私立の情報工学部の偏差値は、東大や京大の機械工学科や建築学科の偏差値を上回るようになるでしょう。

そしてここまでの議論について一番気をつけなければならないのは、こういった議論が当てはまるのは、偏差値で言えば本当に上の上の方の人たちだけだということです。論理力に優れ語学力が平均並みのＡＩは、人間で言えば偏差値60台の存在になりますが、それが意味することは、生成ＡＩは最近でも人類全体の上位16％には入るということです。

「ＡＩは語学力が大きく劣るので、人類の手足となるだけで支配者にはなれないだろう」という観測は結論としては間違ってはいないのですが、その劣った語学力のＡＩでも、人類の50％はそれよりもさらに劣るというのが現実です。総合力では84％の人類はＡＩには勝てません。

ここで議論しているのは人工知能の性能論なのですが、その性能を前提に、上位16％の支配者たちが「人間の半数は近未来のＡＩよりも語学力が低い」と判断するようになります。一方で、16％の支配者はＡＩを武器として強化人間へとパワーアップします。そしてそれらのＡＩ強化上司は、普通の人間たちを徐々に見下すようになるかもしれません。そんな「ＡＩの冬」がやってくるのです。

第3章

10年前の「仕事消滅」当たった予測、外れた予測

オズボーン予測は間違いだったのか？

「人類の仕事の47％は２０２４年から２０３４年の間に消滅する」

２０１４年に発表されたオックスフォード大学のマイケル・オズボーン准教授（当時）の予測は当時、世界中に衝撃を与えました。その後、野村総研と共同で日本版の研究も発表され、ＡＩに取って代わられるホワイトカラーの仕事が多い日本ではこの数字は49％とされました。

その後の議論の中で、彼の研究は批判的に論じられることになります。彼のとった研究アプローチは、さまざまな職業の仕事内容を分析し、人工知能に取って代わられるタスクが多い順にリスト化していくものでした。

それに対する反論は明確で、たとえ仕事の大半が自動化されてもその職業自体がなくなるわけがないというものです。生成ＡＩはわずかな時間で無数のキャラクターを描くことができます。その能力を利用すれば、スマホゲームの開発プロセスでキャラクターを生み出すイラストレーターの仕事の大半はいらなくなります。しかしだからといってイラストレーターがまったくいらないということにはなりません。

生成ＡＩは写真も自動生成します。これを使えば、たとえば雑誌の記事で使われるイメージ写真では、カメラマンが撮影した写真をわざわざ使う必要がなくなります。最近ではグラビアアイドルも生成ＡＩが生成しますから、モデルやアイドルがいなくても紙面が成立してしまいます。

そうはいっても、人間のカメラマンが撮影した写真も必要ですし、被写体としての人間も需要がゼロになるわけがありません。

だから職業の47％（日本においては49％）が消滅すると提起したオズボーン氏の「職業の未来予測」はそのアプローチ手法が間違いだったとされています。反論する人々の主張に置き換えれば、ＡＩによって職業の49％がなくなるのではなく、仕事の作業のうちの49％がなくなるのだということです。

でも、その意味するところの本質は同じことにお気づきでしょうか？

たとえば会計士の作業の３割がＡＩによってなくなるとします。そのような変化が起きても会計士の仕事はなくなりませんが、単純計算では会計士のポジションの３割はいらなくなります。

つまりこのロジックによる反証では、雇用はやはりなくなっていくのです。職業の49％がなくなる代わりに、雇用の49％がなくなるという予測だと読み替えれば、私たちをとりまく未来はやはり不安なままです。

最も外れた未来予測：完全自動運転車の出現

仕事の49％は10年以内に新しい形で消滅するのでしょうか？

それを検証するために、まずは過去の予言を確認していきましょう。2010年代後半の仕事消滅ブームでの予測は、時間軸で考えるとすでに外れたものもあります。まずはそこから整理していきましょう。

2010年代後半の仕事消滅論のうち最も初期インパクトが大きい予言であるとされながら、最も外れた予測が「完全自動運転車の出現」です。

当時のロードマップでは日産ルノーをはじめとしたいくつかの大手自動車メーカーが、2022年から2024年あたりにレベル5の完全自動運転車を発売することを目標にしていました。ところが実際にその時期になってもまだ世の中ではレベル2の先進的な運転支援システムが搭載された乗用車が、新車として販売されているのが主流です。

高速道路などで手放し運転を可能にするレベル3の市販車はまだごく一部の車種に限られていて、市場ではそれほど大きな存在にはなっていません。

このことについては、

「AIによる画像学習機能は想定していたほど完璧ではなく、まだまだ人間の頭脳に追いつけるレベルではない」

と言われています。ただこの問題はどちらかというと技術的な問題以上に、社会的な問題の方が大きいかもしれません。

先に事実を指摘しておくと、アメリカのサンフランシスコ市では、2023年8月に市内全域でレベル5の完全自動運転の無人タクシーの営業が認可されました。グーグルの子会社のウェイモとGMの子会社のクルーズが運営する500台ほどの無人タクシーが市内を走りだしたのです。

サンフランシスコに行かれたことがある方ならわかると思いますが、アメリカの大都市の中でもサンフランシスコは比較的、日本の都市に道路構造が近い街です。というのも市街地では道が狭く、人通りも坂も多い。しかも路面電車が走っている分、運転に注意が必要だという点も日本の地方中核都市に似ています。

「これまで多くの自動運転車が試験的に走行してきたテキサス州やアリゾナ州の都市と比較して、はるかに運転難易度の高いアメリカを代表する大都市・サンフランシスコで無人タクシーがすでに営業を始めている」

これは予測よりも数年遅れてはいますが、自動運転技術についての進歩を示す事例だと言えます。

2023年時点でアメリカではサンフランシスコ以外に、ウェイモはフェニックスとロサンゼルス、クルーズはオースティンで無人タクシーを運行しています。中国でも百度《バイドウ》が北京、重慶《じゅうけい》、武漢で運行しています。無謀運転の自転車が多い中国の公道を百度の無人タクシーは器用に走っています。

ただ問題も起きています。結論から言えば、クルーズ社の無人タクシーはわずか2か月で営業許可を取り消されてしまいました。そもそもクルーズ社の無人タクシーはサンフランシスコ市内での試験走行の頃からたびたびちょっとした騒動を起こしていたようです。

たとえば、クルーズ社の無人タクシーが頻繁に911（アメリカの119番）に自動通報を入れてしまい、救急車が出動しなければならなくなるという問題がありました。

深圳《しんせん》市坪山《へいざん》区の道路を走る百度の自動運転タクシーの車内
[写真提供：中国通信／時事通信フォト]

他にも、クルーズの無人タクシーが消火活動中の消防車のホースを認識できず、何度もホースの上を走行しようとしては、そのたびに消防士が消火の手を止めて、車を停止させなければならないという問題もありました。

また、営業が始まった直後にはクルーズ社の無人タクシー10台がネットワークエラーによって一斉に路上で停止してしまい、付近の交通が渋滞してしまうという問題もありました。

そしてついに２０２３年10月、前を走る自動車にひき逃げされた女性をさらにひくという重大事故を起こしてしまい、クルーズ社の無人タクシーは営業許可を取り消されることとなったのです。

これはグーグルの関連企業のウェイモや中国IT大手の百度と比較して、自動車メーカー（GM）のAIが苦戦することを暗示するニュースだったのかもしれません。

自動運転車が人間を死亡させたらアウト

この自動運転技術の持つ社会的問題の本質は、安全性についての議論の中にあります。簡単に言えば「自動運転車は人間が運転する自動車よりも安全だ」という程度では社会が導入を受け入れてくれないのです。

当然のことではありますが、人間が運転する車は一定レベルで危険です。運転の荒いひともいれば、不注意なひともいる。いまだに飲酒運転をするひとも、あやまって逆走したり、ブレーキとアクセルを踏み間違えたりするひともいます。人間が運転する車は日本国内で2022年では、年間、約2600人の命を奪っていました。一方でクルーズ社がミシガン大学と協力してまとめた研究では、現時点でもクルーズの車両が人身事故を起こす確率は、人間が運転する車よりも24％低いとされています。

このことを考慮すれば、たとえば自動運転車の死亡事故の発生率が、人間が運転した場合の10分の１に下がれば、十分に世の中はよくなった、という１つの考え方ができます。日本の道路を走る自動車がすべて自動運転車になることで、死亡事故が年間２６０件に減るのであれば、それは人類の発展だからです。ところが社会はそう思いません。

自動運転車が人間を死亡させてしまうような事故を一度でも起こしてしまうだけで、社会は強く憤《いきどお》るのです。そこに理由は必要ありません。

後の章でも詳しく取り上げるつもりですが、アメリカのテスラ社の車には自動運転機能（ＦＳＤ）が搭載されています。しかしこの機能を使ったドライバーが数名、事故により死亡してしまっています。私からすれば無謀なスピードで自動運転させればコントロールを失うこともあるだろうと思うのですが、世論の反応はもっと厳しいもので、この機能は危険だから販売を中止しろという声が多く上がっています。

私はかれこれ5年以上、レベル２の自動運転機能を持つ車に乗っているのでわかるのですが、このレベルの車を人間が普通に運転していれば、めったに事故は起きません。つまり人間が運転する半自動運転車は最強と言えるのです。世の中にレベル５の自動運転車が登場するよりも、世の中の車の大半がレベル２に置き換わった方がよほど交通事故死は減るかもしれません。

そうなると自動運転車を認可するかどうかは、技術的な側面以上に政治的社会的判断が優先されるようになるわけです。

「2024年問題」に間に合わなかったモビリティ社会の実現

結果として日本では、

「無人タクシーなんてこの先、何年たっても無理だ」

という意見が主流を占める一方で、アメリカでは、

「無人タクシーを解禁してみよう」

という意見が政治を動かしています。

この状況を一言で言えば、先進技術を確立することで世界でのビジネス展開を優位に運べると考えるアメリカと中国は後者の態度をとり、先進技術が入ってくることで国内の産業が脅《おびや》かされると考える日本は業界を挙げて前者の態度をとっているということです。このように捉えると、この正反対の構図がよく理解できます。

この構図、実は日本が成長国だった30年前まではまったくの逆でした。家庭用のビデオ

デッキが発売された当時、日本ではビデオデッキが何の障害もなく販売されていた一方で、低成長に苦しんでいた当時のアメリカではビデオデッキはテレビ会社や映画会社の権利を侵害するとして、家電メーカーが訴えられていました。

このとき、ソニーの盛田昭夫ＣＥＯは、

「ビデオデッキはコンテンツを盗む機械ではない。今まで決まった時間にしか見られなかったテレビ番組をいつでも見られるよう、タイムシフトを実現する機械なのだ」

と力づよく主張し続けました。その結果、アメリカの裁判所は盛田氏の考えを受け入れ、日本の家電メーカーは世界市場で大いに外貨を稼ぐことができたのです。

この自動車業界での進化については後の章でより詳しく論じますがここでの結論としては、２０１０年代に予測したような「自動運転でモビリティ社会が進化する世の中の実現」は日本では5年から10年先のことになりそうです。

２０２３年10月、ホンダがＧＭのクルーズと提携し、２０２６年に日本でも無人タクシーを導入することが、各種メディアで大々的に報道されました。ホンダは都心部で「クルーズ・オリジン」という名前のレベル４の無人タクシーの運行を５００台まで広げる計画です。

実現すれば画期的だと話題になっていますが、アメリカと中国よりも3年も遅れているうえに、そもそも日本の規制当局に実現するつもりがあるのかどうかは疑問です。大手よりも先行していた無人タクシーベンチャーに、法律改正を進めずに事業を断念させてきた実績があるのが日本です。GMがそれを見越してホンダに金を出させたという意図が透けてみえます。

直近の物流業界ではむしろ、「2024年問題」と呼ばれるドライバーの残業規制の正常化による人手不足と物流能力の縮小が社会問題になっています。このように自動運転予測は、過去の仕事消滅論の議論の中で、もっとも外れた予言だったと言えるのです。

AI審判が生んだ「三笘《みとま》の1ミリ」

一方で5年から10年前にブームになった仕事消滅予測の中で、当たったものはあるのでしょうか? 実のところ当たったかどうかの判断を下すのは時期尚早かもしれません。なにしろAIは現在進行形でその能力を拡大しているのですから。

その視点を含めて、これまで近未来に消滅する仕事だと指摘されてきた職業が、この先一体どうなっていくのか、現在地を改めて確認してみましょう。

最初はプロスポーツの審判という職業から。

これはいずれ、ＡＩに置き換わる仕事だと予測されています。スポーツの審判の仕事は依然残ってはいますが、この10年間でサッカーのＶＡＲやゴールラインテクノロジーのように、ＡＩやＩＴを駆使した判定が世界的に注目されている試合の結果を大きく左右する存在となりました。皆さんにとっては、２０２２年に開催されたサッカーＷ杯の「三笘の１ミリ」の判定が印象的な出来事なのではないでしょうか。

まだ完全にＡＩに置き換わってはいないのですが、野球のメジャーリーグの生中継では投球の球種やコースが瞬時にＡＩ判定され、視聴者がリアルタイムで確認できるようにもなりました。

その結果、ファンが主審のストライク判定に不審を感じるケースが増えてきました。際どい判定ならともかく、ボール２つぐらい外れているのにストライクコールされるといった明らかなミスも出ます。また、プロの球審でも１試合のうち数％の確率でミスジャッジをしているという統計もあります。特に、近年のメジャーリーグでは打者の手元で動くボールが主流になってきているので、かなり動体視力のいい審判でも判定が難しくなってきています。

これらのことから、審判をＡＩに代えた方がいいという議論は現在進行系の課題となっています。

プロスポーツの判定の中にはあからさまな不正行為も存在します。スポーツの国際大会などで「中東の笛」と呼ばれているアラブ諸国に有利な判定をするケースや、体操やフィギュアスケートなどの採点の際に浮上する疑惑などはその一例になります。

メジャーリーグの中継を観ていると、大谷翔平選手が判定に不満な態度を見せた途端に、主審がまるで報復かのように際どい判定を繰り返すシーンを見かけます。これを「審判を敵に回すのは損だ」という言葉で呑み込む人も多いのですが、スポーツを興行として考えたとき、審判を怒らせると判定が変わるというのは、お金を払って観戦している観客にとっては興ざめです。ＡＩが公平な視点でジャッジするのがしかるべき姿なのかもしれません。

「審判は人間の方がいい」とは言い切れない理由

しかしこのような話をすると、
「機械的なジャッジをするAIよりも、人間の審判の方がゲームメイクという点では優れているはずだ。特に、サッカーのように試合の流れを重視する必要があるスポーツの場合はAIが主審をするのは無理だよ」
という意見が生まれます。

サッカーにはマリーシアという、ポルトガル語で「ずる賢さ」を意味する言葉があります。

たとえば審判に見えない角度で相手のユニフォームを引っ張ったり、プレーに直接関係しない選手が意図的に倒れてプレーを中断させたりといったずる賢い行為を指します。

サッカーの決定的な競り合いのシーンをリプレイで観ていると、たいがい好機を外した選手はユニフォームを引っ張られたり肘を当てられたりと、スローでもう一度観てみると邪魔されている様子がはっきりと映っていることが多いものです。

こういったことは映像とAIを組み合わせればすべて摘発できるようになるのですが、それをすべてしてしまうとサッカー自体の面白さがなくなってしまいます。同じファウル行為だとしても、その重大さに応じて審判がファウルを採るかどうかジャッジをしているからこそ、サッカーのゲームは面白いわけです。

だから「審判は人間の方がいい」という意見は現時点ではそのとおりなのですが、実は試合の流れをコントロールするのはＡＩが得意な領域なのです。なぜなら、ＡＩによるジャッジはソフトウェアプログラムのようにルールだけに沿った機械的なものではなく、人間の審判のジャッジから学習し、応用するものなのです。

わかりやすい例を１つ挙げると、自動運転車の開発の中でなかなか解決できなかった問題として「一時停止線で自動運転車が止まれない」というものがあります。理由は、自動運転のＡＩは無数の人間のドライバーの運転から運転スキルを学習しているのですが、その学習題材である人間のドライバーの大半が一時停止の標識で止まっていないからです。

これと同じで、ＡＩのサッカー審判はユニフォームを引っ張る選手を摘発するようにプログラミングされているわけではなく、ユニフォームを引っ張る選手に対して人間の審判がどのようにジャッジするのかを学習しているのです。

ですから、アマチュアからプロリーグまでの数多《あまた》ある試合中の審判の様子をＡＩに学習させていくことで、ＡＩが主審を務める方が人間よりもいいジャッジができるようになる時代がこれから先10年以内に必ず到来すると予測されます。

人間の審判はゼロにはならないのですが、野球のメジャーリーグやサッカーＷ杯など興行として大きなお金が動くスポーツイベントであればあるほど、審判をＡＩに置き換えていった方があらゆる意味でいいという未来がやってくるかもしれません。

生成ＡＩの出現により早まった「クリエイターの仕事消滅」

他の業界も見ていきましょう。

従来は、クリエイティブな仕事が消滅するのは比較的遅い２０３０年か２０３５年頃になるのではないかと予測されていました。しかし昨今の生成ＡＩブームで多くの人々は、このクリエイティブジャンルの仕事がＡＩに奪われてしまう未来がすぐそこに来ていることに気がつきました。

そもそもここ数年、そのような兆《きざ》しは見えていました。

世界最高峰の絵画コンテストと写真コンテストでどちらも最優秀賞を受賞した作品が、実はＡＩが生成したものだと後から種明かしをされるという事件が起きていたのです。仕掛けた人たちは「近い将来、こういうことができるようになる未来においてどのようなルールを作るべきか、議論を始めたかった」と語っています。

ところがその議論が始まる前に、ＡＩによる画像生成のサービスが始まってしまいました。これは、存在しない写真やイラストをＡＩが自動で生成してくれるサービスで、10年前のクリエイターの感覚で言えば魔法のようなものです。

ソフトウェア大手のアドビは、今回の生成ＡＩブームで大きく時価総額を増やした企業の1つで、フォトショップなどを始めとする、イラストや写真関係のクリエイターにとって必要不可欠なツールを提供しています。

そのアドビが、ファイアフライという名前のクリエイター支援アプリの提供を始めました。これは、テキストを打ち込むだけで簡単に画像を生成してくれるサービスで、私のような素人でも「香港やマカオの繁栄をイメージしたイラスト」とか「ＡＩネットワークをイメージしたＣＧイラスト素材」などと打ち込むだけで、ＡＩが画像を自動で生成してくれます。

ファイアフライ内の設定で、生成コンテンツタイプを「写真」にすれば「疲れた様子で駅を出るビジネスマンの群れ」とか「食料品が大量に売られているスーパーの売り場」と打ち込むだけで、ＡＩが写真も自動で生成してくれます。無料プランもありますが、月額

AIが生成した蝶と花のイラスト画像
［画像提供：イラストAC］

680円のプレミアムプランなら毎月100の生成クレジットが利用できますから、私が経済評論家として自分のウェブ記事に貼る写真やイラスト程度なら、このプラン内で著作権フリーの画像をいくらでも手に入れることができるのです。

もちろん著作権や肖像権のある画像は生成できないので、「泣いているミッキーマウス」とか「満面の笑顔の大谷翔平」といったキーワードを入力してもユーザーガイドライン違反の表示が出るような仕組みになっています。

またファイアフライでは他にも、既存の写真を部分的に消してそこに新しいオブジェクトを描かせたり、実際の写真には写っていないその周囲の風景画像をＡＩに創造させたりすることも可能です。

並のイラストレーター、写真家は生き残れない

生成ＡＩが出現した当時、マイケル・ジャクソンのミリオンセラーアルバム『スリラー』のジャケット写真を拡張させた画像が出回って、話題になっていたことがありました。

その画像によると、マイケルは実はピアノの上にのぼってあのポーズをとっていたことになっているのですが、素人がそのような画像をワンクリックで生成できる（実際に仕事をするのはＡＩですが）というのは驚きの進化です。

そして当然の帰結ですが、このサービスはウェブメディアやブログ、YouTubeでの動画配信など、メディアを通じて情報発信をする事業者すべてが使うようになるでしょう。結果として、多くの発注者がイラストレーターやカメラマンに仕事を依頼しなくても済むようになります。

「いやいや、実際にファイアフライを使ってみたけど、生成される写真がなんか変だか

ら、プロに修正させないと実用面では使いものにならないよ」

という意見もあるかもしれません。「日本のオフィスでパソコンに向かって文字を入力する女性」というテキストから生成された写真の指が６本あった、みたいな話はよく聞きます。

ただ、プロのクリエイターにとっての問題点は、ＡＩの性能がこの先もずっとこの程度ではないというところにあります。ファイアフライのＡＩは大量の画像を読み込んで常に学習を重ねていますから、その作画性能は日々進化しています。今は人間のクリエイターの方が優れていたとしても、３か月後、１年後にはどちらの方が優れているのかはわからないのです。

「でもプロのイラストレーターや写真家はファイアフライに学習用の作品を提供することで使用料を得られるはずだよね」

はい。それは間違いではありません。確かにアドビでは、ＡＩに学習させるためのイラストや写真として著作物は使わず、あくまで学習用の素材は有償で集めてファイアフライを完成させていくと表明しています。ただ、その報酬額は現状では非公開です。

しかし、そのようなＡＩの学習用素材に対して支払われるイラストの使用料の方が、イラストの販売価格よりも高くなるとすれば、ファイアフライの提供するイラストの使用料はこれまでのクリエイターが自身で作ったイラストの使用料よりも高くなるはずです。

実際は逆で、あれだけ安くイラストが提供されているのですから、ファイアフライの裏側で儲けることができるクリエイターはごく一部になるはずです。

先ほどＡＩが生成した絵画や写真が最優秀賞をとった話をしました。この点について補足しておくと、これまでも何度か説明してきましたが、生成ＡＩには創造性がありません。模倣しかできないツールがなぜ最優秀賞をとれたのでしょうか？

実は、写真コンテストで最優秀賞を受賞したＡＩ作品を作ったのは、世界的な写真家だったのです。

つまり生成ＡＩを一流のアーティストが使えば、普通のイラストレーターや写真家よりもいい指示が出せるので、完成度の高い絵画や写真が創りだせるのです。

こうして生成ＡＩは、才能のある人材が生み出すアートを、今までよりレベルの高いものへと変えていくことでしょう。一方で、並の才能が生み出すアートはＡＩの創りだす模倣品を超えることはできません。これが、私がこれからクリエイター業界で起きると予想していることです。

結論から言えば、平凡なイラストレーターや人並の写真家という仕事は、生成ＡＩの出現で一気に消滅の危機が早まってしまったのです。

令和の時代にビートルズの新作がリリース？

作品の生成という観点では、音楽のクリエイターも同時に危機を迎えています。

サウンドローという月額１９９０円のサービスが今、YouTubeなど動画配信をビジネスにしている人たちにとって必要不可欠なサービスになりつつあります。これは著作権フリーのＢＧＭをＡＩが自動で作曲してくれるアプリです。

たとえば、動画の尺にあわせて「21秒の演奏時間で急激にアゲアゲムードになるロック調のＢＧＭを作って」といったコマンドを入力すれば、その候補の音楽が10曲ほど自動で作られます。演奏時間やそれぞれの楽器の強弱などのアレンジも、素人が直感的に行うことができます。

要するに、YouTuberを始めとする映像クリエイターは、音源を探す手間がなくなったのです。このサービスが広まれば、ただでさえ仕事が少ないミュージシャンたちの副業まで、大幅に奪われてしまいます。

そしてこの流れは著作物の世界にも広まりそうです。２０２３年11月22日、『週刊少年チャンピオン』で手塚治虫の名作『ブラック・ジャック』の新作漫画が公開されました。これは手塚プロのクリエイターとＡＩの専門家がタッグを組んだＴＥＺＵＫＡ２０２３プロジェクトが描き上げた完全新作漫画です。

この新作には、シナリオのプロットと新キャラクターのデザインにおいてＡＩが起用されています。シナリオのプロットには、過去のブラック・ジャック作品を学習したＧＰＴ－４が起用されており、それを人間が活用することで作成した５つのシナリオの中から選ばれた１つが、今回の新作のストーリーの骨格となっています。新キャラクターのデザインには、Stable Diffusionという画像生成ＡＩが起用されています。

プロジェクトの中心メンバーでありクリエイターでもある手塚眞《まこと》氏によれば、絵にしてもストーリーにしても、手塚治虫の作品を誰よりも本物に近づけられるのはＡＩだと言います。ブラック・ジャックは医学漫画でありながらあらゆるジャンルの物語要素を含んだエピソードが多いため、手塚治虫作品の中で最も、ＡＩが学習することで人間のクリエイターが思いつけないような新作が出現する可能性が高い作品だと思います。

実際、今回の新作を作る際にＡＩが最初に提案したプロットは、機能停止した革新的なアンドロイドの心臓部分をブラック・ジャックが治療するストーリーだったそうです。ブラック・ジャックは過去の作品でもシャチを治療したり、人類とは全く違う臓器構造をもった宇宙人の手術をしたりしているので、それを知っている読者から見れば、人造人間の人工臓器をブラック・ジャックが手術するというのは、もし今、手塚先生がご存命であっても、実際に構想していらっしゃったストーリーなのではないかと思えます。

実際に掲載された新作のストーリーはＡＩが提案したプロットをベースにしつつも、チームの手によって、「機能停止した革新的なアンドロイド」から「全身がほぼサイボーグになった少女」の治療へと変更されたうえで、原作のエピソードにあった「本間血腫」という難病にブラック・ジャックが再度挑む、というストーリーへ再構築されていました。

私は小学生時代にリアルタイムでブラック・ジャックを貪るように読んだ世代です。個人的には特に今回の新作の中で、ＡＩの提案に沿って描かれた最後の３ページに、単純なハッピーエンドで物語を終わらせない「手塚作品らしさ」を感じ、懐かしくなりました。

これからも、手塚治虫さんがご存命の時代にはなかったような現代社会のさまざまな変化や、新しい社会問題、風刺などを取り込んだ、まったく新しいブラック・ジャック作品が生み出せる無限の可能性があります。完全新作版の出現は、その中の1つの形なのです。

この『ブラック・ジャック』のように、著作権者側がＡＩによる新作の創作許可を出してくれさえすれば、昔懐かしいあの名作たちにまた出合えるかもしれません。なにしろ第1章で説明したとおり、生成ＡＩは過去の作品を学習し、それを模倣するのが人間よりもはるかに得意なのですから。

２０２３年11月に全世界で発売された『ナウ・アンド・ゼン』は最後のビートルズの新曲として世界の音楽チャートを席捲《せっけん》しました。この楽曲はもともと、１９７８年に故ジョン・レノンが自宅でカセットテープにデモ・レコーディングした音源でした。

レノンの死後、１９９４年に残った3人のメンバーがビートルズの楽曲として完成させようとしたのですが、当時の技術ではデモテープの雑音を除去することができず、その夢は叶いませんでした。

しかし２０２３年、最新のＡＩ技術の力によって雑音を除去し、レノンのボーカルだけを抽出することに成功したので、45年の時を経てビートルズ４人が作り上げた最後の音楽がリリースされたのです（ジョージ・ハリスンのギターも以前に録音したもの）。

４人の作品としては『ナウ・アンド・ゼン』が最後の作品になるのでしょうけれども、可能性としては、この先いつか、ＡＩによるビートルズの新作アルバムがリリースされるようになるかもしれません。ビートルズと長い時を過ごした人物がプロデューサーとして名乗りを上げ、４人それぞれの過去の音源を学習したＡＩが作り出す、新しい音楽作品が発表される未来です。

現段階の技術では、熱狂的なファンの視点から考えると、そういった模倣プロジェクトは不快な作品だと受け止められる可能性があります。しかし、仮にどこまでいってもそれがフェイクだとしても、いずれＡＩの学習時間と量がある閾値《しきいち》を超えた段階で、偽物と本物の見分けがつかないほどのクオリティの作品が誕生するでしょう。

全盛期のビートルズを模倣した新曲は、技術的にはデビュー当時の若々しいサウンドの１９６３年バージョンと、アーティストとして円熟味を帯びた１９６９年バージョンのように異なる年代別でも生成されるかもしれません。

そして、たとえフェイクだったとしても、その楽曲を聴いた80代のビートルズファンは『ナウ・アンド・ゼン』を手にしたときと同じ感動を覚えるかもしれません。これは、比較的近い未来に現実化する技術なのです。

仕事消滅への抗議が生まれない日本

このような仕事消滅の危機に関して、日本人はあまり真剣に捉えていないのかもしれません。少なくとも行動という意味では、欧米人の方が先に大規模な抗議活動を始めています。

第2章でお話ししたとおり、2023年、ハリウッドでは生成AI規制を求めて長期間に亘《わた》る大規模なストライキが起きました。なかでも俳優と脚本家の抱える問題は深刻です。

たとえば、生成AIが学習するための演技素材としての仕事が、非常に安い賃金で募集されています。俳優がカメラの前で求められた演技をすると、それが生成AIの学習データになるのです。表情、身振り手振り、アクションといった一度きりの演技が、その後何度でも使える生成AI用の学習情報として蓄積されるのですが、その賃金が映画の出演料よりも安くなっているのです。

また、脚本家の状況も深刻です。映画には過去100年の歴史があり、脚本家は過去の名作を学習することでよりよい脚本を生み出そうと努力しています。

ところが生成ＡＩは、人間の脚本家よりもその学習スピードがはるかに速いわけです。まったく新しいコンセプトのストーリーではない映画やテレビドラマの脚本を考えるのであれば、生成ＡＩは人間の脚本家の強大な敵になります。

たとえば、生成ＡＩにこのような指示をするとします。

「映画『タイタニック』をウクライナ紛争に置き換えて脚本を生成しなさい。キーワードは〝結ばれない相手との情熱的な恋〟で、〝突然起きた命の危機〟に巻き込まれながらも、最後には〝悲劇的なクライマックス〟が待っている、そんな脚本にしてほしい」

というように、何度かチャットを繰り返しながらコンセプトを入力していくと、新奇性には欠けるものの、ある程度売れそうな映画脚本の骨格が数時間で作れるでしょう。

このように、一番の骨格となる部分を過去のヒット作を模倣する形でＡＩに作らせて、細部は駆け出しの若手作家に格安の報酬で依頼するような脚本づくりが常態化してしまったら、映画業界はどうなるのでしょうか？

ですから脚本家の組合はいち早く動き、プロデューサーに対して脚本にＡＩを使わないように要求したのです。

日本ではイラストレーターの世界で同様の問題が起きています。生成ＡＩに萌え画を学習させれば、ゲームの新キャラも、新しい漫画作品の主要人物も簡単に生成できます。一瞬で数万種類のゲームキャラを生成することだって可能です。

ただ、日本人はこのような問題に対して、誰にどう抗議すればいいのかわかっていません。インターネットが出現したときは旅行会社の数が減ったり、大手証券会社の社員が減ると予測されていました。そして10年経ってみると実際にそうなりました。

音楽のサブスクが始まったときも、ＣＤの売れ行きは大幅に下がっていくと予測されていました。実際そのとおりになって、古いやり方を続けていた音楽アーティストたちは、どうやって生計を維持すればいいのかまったくわからなくなりました。

これと同じことが、２０２０年代後半から２０３０年代前半にかけて、あらゆるクリエイター、あらゆる表現者の分野で起きていきます。クリエイターとしての職業はなくならないかもしれません（なくならない可能性は高いでしょう）が、どう考えてみてもイラストレーターも、写真家も、脚本家も、役者も、かなりまとまった量の仕事が消滅することは素人でも予測できます。これをマクロ経済で考えるといったい何が起きるのでしょうか。

AIによって、従来の当たり前が崩壊する

世の中には「パレートの法則」というものがあります。「2：8の法則」とも呼ばれていて、どのような分野においても特定の2割の要素が、8割の結果を生み出しているという意味の法則です。

たとえば、店内に5000アイテムが並んでいる小売店で2割に相当する1000アイテムが、お店の売上の8割を占めているとか、上位2割の常連客が、延べ来店客数の8割を占めているなどといった事例が挙げられます。

もちろんこれは経験則なので、ちゃんと調べてみると3：7だったとか1：9だったとか細部はさまざまでしょう。

富裕層であれば、上位10％が世界の8割近い富を、上位1％がそのうちの4割を占めていると言われています。富裕層は上位集中が顕著に表れているジャンルの1つですが、同様に映画俳優にしても、小説家にしても、音楽アーティストにしても、上位集中が際立つ仕事では10％のクリエイターが8～9割の利益を生んでいるほどです。

では人工知能がクリエイターの仕事を奪い始めた場合、仕事が減ってしまうのはどちらでしょうか？　人気俳優と駆け出し俳優、人気作家と名もなきライター、売れっ子漫画家と同人誌作家――すべてのジャンルにおいて、仕事が減るのは後者です。

これはホワイトカラーの仕事においても同様です。有能で評判が高く、売れっ子の会計士には大企業からたくさんの仕事が舞い込んできますが、まだ駆け出しの会計士の仕事は徐々にＡＩに奪われてしまうでしょう。

また、能力の高い営業はＡＩを武器に、より多くの契約を結ぶことができるかもしれません。が、さほど能力が高くない営業はＡＩの波にのまれてしまうかもしれません。大企業のオフィスでも給与の高いビジネスパーソンと非正規の事務職を比較してみると、仕事が減るのは明らかに後者となるでしょう。

「２：８の法則」に倣《なら》ってみると、後ろの８にあたるひとたちの仕事の方が、ＡＩによる仕事消滅の悪影響をもろに被《こうむ》ることになるわけです。

次に挙げる未来予測を例に、もう少し具体的に想像してみましょう。

「この先、ＡＩによって世の中の業務やタスクの３割が消滅するだろう」

ざっくり言えばこれが、現時点で大多数のひとたちが予測している未来です。

では、この消滅する仕事は主に誰が担当しているのでしょうか？　2：8の法則で言えば、8のひとたちが担当する仕事が消えていくはずです。というのも、多くの価値を生む仕事をしている2のひとたちは、アシスタント的な仕事をすでに8のひとたちに外注しているからです。

そう考えると2：8の仕事のうち8の仕事はいずれ5に減って、その5に減った仕事を8のひとたちが取り合う計算になります。あくまで単純計算ですが、数字上は2割の売れっ子と5割の普通の人、そして3割の仕事を失う人が誕生します。AIによって世界は2：8の法則から2：5：3の法則へと移行するのです。

仕事の誕生と消滅、どちらが速い？

ここまでは主に仕事の消滅について話していますが、AIのようなイノベーションが起こることで当然、世の中には新しい仕事が生まれてくるはずなのです。シュンペーターが唱《とな》えたような、イノベーション理論による雇用創出によって仕事消滅を止めることはできるのでしょうか？

アマゾンは2022年10月、オンライン診療のアマゾンクリニックを立ち上げました。これは利用者と医療機関をつなぐサービスで、アレルギーや皮膚病などのような、一般的な症状をチャットやビデオ通話を使って診療することができます。

このサービスは医療の仕事を奪うものではなく、これまでさまざまな理由で医療サービスを受けられなかったひとたちをカバーすることで、医療需要全体を劇的に増やすものになるのではないでしょうか。

またディズニーリゾートではAIの活用により、年々来園者の待ち時間が減少しています。AIがファストパスやアトラクションの効率的な回り方を提案してくれるので、来園者はこれまで列に並んでいた時間を買い物や飲食に費やすようになりました。そうなるとお土産物屋さんのレジ打ちスタッフやレストランのキッチン、ホールスタッフを増やさなければいけません。つまり、待機時間を減らすことで、飲食小売スタッフの雇用が増えたのです。

AIにより生産性が劇的に向上すると、顧客の時間が大幅に効率化され、空いた時間で別の消費が生まれる効果があるのです

物件の契約が決まるスピードを学習させて「売れる物件」を探し当てる

不動産業界ではＡＩによる不動産テックに注目が集まっています。私も関係している業界なので少し詳しく説明していきます。

不動産業界ではたとえば、ＡＩを活用することで、物件価格のアービトラージ（鞘取《さやと》り）ができるようになってきました。

古い業界常識では、中古物件の価格は主に５つの要素で機械的に決まっていました。

①最寄り駅はどこか
②最寄り駅から物件まで徒歩何分か
③築年数は何年か
④鉄骨造や木造などの構造や、部屋の階数は何階か
⑤広さは何㎡か

といった要素です。

ところが実際には、お値打ち物件と呼ばれるものもあります。眺望《ちょうぼう》が絶妙にいいとか、

すぐ隣がコンビニだとか、車で動くときには極めて立地がいいとか、前述した５つの要素には含まれていませんが、物件としてかなり魅力的な条件がついている物件のことです。

マンションの場合、１９８１年以前は現在のような厳しい耐震基準がなかった頃に建てられた物件のため、安価で取引きされています。１９８１年以前の旧耐震基準では震度５強の揺れに耐えられる家づくりが基準とされていましたが、新耐震基準では震度６強〜７の揺れに耐えられる家づくりへと変更されたのです。

ところが旧耐震基準の時代でも基準値より強い揺れに耐えられるよう、頑丈に建てられている物件は多く存在します。１９９５年に起きた阪神・淡路大震災では、新耐震基準で建てられたビルのうち中破ないしは大破・倒壊したビルは全体の４％だったのに対し、１９７２年から81年の移行期の基準で建てられたビルは５％、１９７１年以前の旧耐震基準だと13％が中破以上の被害を受けました。

明らかに新耐震基準のビルの被害が少ないのですが、反対の視点から見ると、被害が軽微・損害なしの建物は新耐震基準で93％ですが、それ以前の基準でも81〜86％あります。

この旧耐震基準でもがっしりと建てられている建物は、ＰＭＬ（最大予想損失額÷再調達額×１００）値という数字で確認することができます。ＰＭＬ値が高いほど地震による危険度が高いとされています。

不動産ＲＥＩＴなど中古不動産の売買で儲けているファンドでは、ＰＭＬ値が10％以下の物件を選ぶことで物件の倒壊リスクを避けています。

こういったお得要素は、これまで不動産の価格設定には反映されていませんでした。そのため、早く売れる中古物件と、なかなか決まらない中古物件の差が大きくなりました。要するに値付けに用いられる要素が不十分だったので、同じ値段でも実際に物件を訪れた希望者がいい物件だと気づくと早く売れるし、現地を訪れていまいちだとわかる物件はなかなか決まらないのです。

そこで今、不動産ベンチャーが物件の契約が決まる早さを人工知能に学ばせることで、適正な価格からずれている物件をＡＩが判定できるような仕組みを構築しつつあります。

他の物件よりも早く売れるマンション、ないしは早く売れた物件と同条件の売り出し物件をＡＩによっていち早く見つけられたら、よりよい物件を先回りして購入できるかもしれませんし、全体的に売れるスピードが速い街を突き止めれば、その街の物件が値上がりする前に購入できるかもしれません。

ＡＩによる「本当に住みたい街ランキング」

首都圏の人気の街ランキングはしばしば変動します。たとえば、地味だけれども居酒屋など飲食店街が充実している北区の赤羽駅が漫画のヒットなどの影響で上位になったり、新横浜駅直結の新線が開通したことで神奈川県の綱島駅の不動産価格が上昇したり、千葉県の流山おおたかの森駅近辺が子育てや教育環境の充実で県内トップになったりしています。首都圏では長年、吉祥寺駅と恵比寿駅が最も人気があると考えられてきましたが、近年では横浜駅と大宮駅がそのランキングに割って入ってきています。

こうした変化の兆しを見つけるのは固定観念の強い人間よりも、学習能力のあるＡＩの方が上です。今後、不動産業界はＡＩの活用で違った形の発展をしていくことになるでしょう。

ではこの不動産テックは新しい雇用創出にどれほど寄与するでしょうか？

前述したような不動産テックの出現により、不動産業界が活性化するのは間違いありません。今まで割安で放置されていたエリアの新しい魅力をＡＩが発見することで、そのエリアの不動産人気が上がり、多くのひとが引っ越してくるようになるかもしれません。

また、不動産のかかえる潜在的なリスクもＡＩによってあぶり出されることになります。たとえばその地域の災害のリスクや、新たな賃借人についての信用評価など、売り手も買い手もリスクが減ります。不動産取引が今まで以上に増えるような、需要変化は確実に起きるでしょう。

このようにＡＩによる生産性向上は、医療でも、流通でも、不動産でも、エンタメでも、需要増を引き起こしていくことは間違いありません。しかしここでの問題は、

「ではＡＩによるイノベーションで市場が１・４倍に拡大するのはいつなのか？」

ということです。

この１・４という数字は単純な掛け算から算出された数字で、仮にＡＩが仕事の３割を消滅させ、残る７割のタスクを人々が奪い合うことになったとしても、イノベーションで市場が１・４倍になれば、０・７×１・４＝０・98と、仕事の全量はほぼ以前と同じ水準に戻れるという計算になります。

電子書籍の登場によってV字回復した漫画業界

たとえば世の中の市場でこれに近いことが起きているのがコミックス市場です。出版科学研究所によれば日本のコミックス市場は、2014年の4456億円から2021年には6759億円と、市場規模が1・5倍に拡大しました。このV字回復の要因は、コミックス界のイノベーションにあります。

この変化が起きる以前のコミックス市場は、『週刊少年ジャンプ』の黄金期と呼ばれた90年代からじわじわと売上が減少していました。週刊や月刊のコミック誌は長期衰退産業となり、毎年何らかの雑誌が廃刊しており、95年には年間で3357億円あったコミック誌市場は、2021年には558億円まで縮小していきました。

そのコミック市場がV字回復した立役者は電子書籍です。コミック誌が激減、紙の単行本も1割程度売上を減らす中で、電子書籍のコミックスが5倍近くも売上を増やしたのです。2021年の電子コミックスの売上は4114億円ですから、2014年のコミックス市場全体の売上に匹敵する規模にまで成長しています。

なぜコミックス市場がこれだけの急成長を遂げたのでしょうか？『呪術廻戦』（集英社）や『東京卍リベンジャーズ』（講談社）といったヒット作が誕生したことも要因の1つとして挙げられますが、根本的な要因としては、電子書籍には本棚の制約が存在しないことが挙げられます。

紙のコミックスと違って電子書籍のコミックスはいくら買っても置き場に困りません。だから私たちは、毎日500円を出してスタバでコーヒーを飲むように、毎日500円を出して新しいコミックスを購入し、職場との行き帰りの間に読めるようになりました。

またこれまでは、漫画家は有力な商業誌に自分の作品を売り込んで、連載の許可が得られないとデビューできなかったものですが、現在ではウェブメディアの数が増えたうえに、Xでも作品を発信できるようになったりと、漫画家の活動方法も変化しています。ですから、多くのコミック誌が廃刊してしまった現在も、新人漫画家がデビューの夢を摑めるのです。

イノベーションが生み出す新市場とはこのようなものです。すべての業種において、仮に仕事が3割減少しても、市場が1・4倍に拡大すれば、最終的に経済は発展できるのです。

しかしこのシナリオには大きな欠点が存在します。それは、市場がすぐに1・4倍に拡大すればいいのですが、イノベーションによる市場拡大には往々にしてタイムラグが発生するのです。実際、コミックス市場もV字回復するまでには約15年の苦難の時代がありました。

イノベーションのタイムラグ

経済学者は、イノベーションが起きることで消滅した仕事の代わりに新しい雇用も生まれると教えます。それ自体は間違いではありません。問題は、その間のタイムラグです。

16世紀のイギリスでは、毛織物産業が盛んになります。牧羊の生産性を求められた地主は、広い農地を放牧地に転用するために囲い込み運動を起こしました。これにより、多くの農民が職を失うことになりました。失業した農民は都市部に移住し、毛織物産業の職人として新しい仕事を始めた……と世界史では教わりますが、実際にはその間には数十年のタイムラグが存在します。

また、18世紀、イギリスで産業革命が起こり、1779年に機械打ち壊しのラッダイト運動が起きました。最終的に職人たちは時代の流れに抗《あらが》えず、労働争議は下火になります。ここでもラッダイト運動が始まってから終息するまで実に40年の月日が流れています。

これらのタイムラグには２つの要因があるとされています。

１つは世代交代のサイクルです。30代の熟練工が失業しても当時の平均寿命を考えると30年もたてばみんな死んでしまいます。そして30年後には熟練工の黄金時代を知る世代はいなくなり、最初からそういうものだったとあきらめがつきます。

２つ目の要因は、イノベーションのサイクルです。新しい技術が発見されてからイノベーションが始まるまでに20年、そしてイノベーションが始まってから産業が入れ替わるまでにさらに20年と、どうしても時間がかかってしまうのです。

先ほど挙げた電子書籍の例も同様です。

私個人は電子コミックスの大人買いを電子書籍が導入された21世紀初頭からやっていましたが、世間一般にすぐに広まることはなく、書籍の市場はそれから長期にわたり苦難の時代が続きました。書店が閉店し、雑誌が廃刊し、読書の需要は年々減っていきました。

そして苦難の時代が15年ほど続いたところで突然、電子書籍がブームになって、電子コミックスの売上が急増したのです。

これと同じことがAI失業についても起きるとしたらどうでしょうか？

私たち人間には、生成AIをはじめとする人工知能の進化により生産性が上がり、業務全体の3〜4割が消滅してしまう未来が待っています。

しかし仕事が消滅していく一方で、その劇的な変化の裏では何らかの新しい産業が興《おこ》っています。

「15年後には、今では考えつかないような新しい仕事場であなたは活躍しているでしょう」

予言者があなたにこう伝えたとしたら、あなたはこれから先15年間、どうやって生活していけばいいのでしょうか。

第4章

雇用の未来予測を狂わせるブルシットジョブ現象

その仕事って本当に必要？

「人工知能が人類の仕事を消滅させていく日は近いのではないか？」

ChatGPTの出現で、2010年代にブームとなった仕事消滅論に再び注目が集まり始めている一方で、当時の仕事消滅論には何らかの欠陥があったようで、実際、この10年で仕事が大量消滅したという報告はまだありません。

実は仕事消滅論ブームの当時には見落とされていたあるテーマが、現在、仕事消滅論とは別の大きな社会論争を引き起こしていて、この論争抜きには仕事の未来予測はできないともいわれています。それが「ブルシットジョブ（クソどうでもいい仕事）論争」です。

この議論は2013年、文化人類学者のデヴィッド・グレーバーがウェブマガジンに投稿した小論から巻き起こりました。

あまりやる必要がなさそうな仕事が世の中にはたくさんあるという問題提起から始まり、そのような仕事を列挙してみると、それは際限なく出てきそうだと続きます。そしてそのような仕事に就いているひとたちはみんな、自分の仕事が無益だと気づいているのだろうか？　という疑問をグレーバーは提起したのです。

世の中にはどうでもいい仕事が一定数ある、という事実に私たちも薄々気づいているはずです。グレーバーは最初の例として「ある委員会が不必要であるかどうかを議論する委員会」の存在を挙げています。

さらにグレーバーはこの小論の中で、1930年に経済学者のケインズが「20世紀末までに先進国ではテクノロジーの進歩によって週15時間労働が達成されるだろう」と予測していたにもかかわらず、そのことが達成されなかったことにも疑問を呈しています。「まるで何者かが、私たちすべてを働き続けさせるためだけに、無意味な仕事をでっちあげているかのようだ」と彼は感じていたのですが、これは資本主義経済学的にはおかしい現象だと言えます。利潤を追求する企業が、意味のない仕事という無駄なコストを放置するわけがないからです。

そこで彼は経済とは違う理由、具体的には道徳上の理由と政治上の理由から、世の中にブルシットジョブが増えているのではないかと主張しました。

グレーバー自身、学者としての経験から「大学の研究者たちは無意味なペーパーワークに忙殺されて、本来の仕事に十分な時間をとることができないでいる」ことを実感していました。ある種の無意味な管理業務が際限なく増えているのです。

とはいえこの議論には「その仕事が本当に必要な仕事かどうかを測る尺度がない」という本質的な問題がありました。

たとえば日本の公立学校では、教員の仕事が無限に増殖してブラック化していることが社会問題となっています。文部科学省はこの事態を打開するために副校長、教頭を補佐する新たな仕事を追加しようとしています。

私個人の意見としては、教員の仕事量の多さが問題なのに、副校長、教頭に加えてもう1人管理者を増やしてしまうと、教員のやるべき仕事がさらに増えてしまうのではないかと思っています。そのため私はこの第三の仕事は本当に必要なのかどうか、疑問に思っているのですが、外野の立場からそれを強く主張できるほどの根拠は持っていません。この例に限らず、客観的にその仕事がブルシットジョブかどうかを判断することは困難なのです。

そこでグレーバーはSNSを通じて、自分自身で自分の仕事はクソどうでもいいと感じている人からの情報を広く集めました。

こうしてブルシットジョブは客観ではなく主観であぶり出されることとなりました。グレーバーは多くの意見をもとに、「本人が自分の仕事は無意味だと確信している雇用の形態で、かつ本人はそうではないと周りに取り繕《つくろ》わなければならないと感じている仕事」をブルシットジョブの定義としたのです。

２０１５年にイギリスで世論調査を実施してこの仮説を検証したところ、「自分の仕事は世の中で意味のある貢献をしていない」と回答したひとは全体の37％に上りました。これ以降も似た調査を続けた結果、どうやらイギリスだけでなく先進国の仕事の４割近くはブルシットジョブではないかという仮説が立ったのです。

ブルシットジョブで身動きがとれなくなったハリウッド映画

グレーバーの元には数百の具体的な証言が集まり、それらを『ブルシット・ジョブ――クソどうでもいい仕事の理論』（デヴィッド・グレーバー著、酒井隆史・芳賀達彦・森田和樹訳、岩波書店）という４００ページ以上にも上る分厚い本にまとめました。

その本から興味深い具体例を１つ、ハリウッドの映画業界の話を紹介しましょう。

１９７０年代以前にはハリウッド映画を作るための企画は、プロデューサー、監督、脚本家の3人で判断されていました。ところが1980年代以降に巨大資本がハリウッドに入ってきたことで、責任の複雑化が起きたのです。

具体的にはプロデューサーの周りに「エグゼクティブバイスプレジデントオブなんちゃら」といったよくわからない肩書のひとたちが何人も出現しました。それぞれ違う肩書で違うビルの違うオフィスで執務する偉いひとが、たとえば5人ほど誕生し、映画の企画はそれらのひとたち全員に売り込まないと先に進まなくなってしまったそうなのです。

仮にそれらエグゼクティブのひとりが関心を示してくれたとしても、残りの4人すべてを説得できないと企画が実現しない体制が生まれてしまいました。

彼らエグゼクティブはめったにイエスないしはノーを言わず、難しい顔をしては何らかの意見を出すだけで、作品の企画はその意見にどんどん翻弄されていきます。

まるで日本映画の制作委員会を見ているようですが、その元祖はどうやらハリウッドにあったようなのです。

ブルシットジョブの世界共通の特徴は、ブルシットではない意味のある仕事（この例では映画の企画を売り込む脚本家）よりも、ブルシットジョブの仕事（この例では役割がよくわからないエグゼクティブなんちゃらの仕事）をしているひとの方が権力があり、報酬も高いという点です。

これがブルシットジョブの社会的な問題の本質です。自分の仕事がブルシットだと気づいていても、その仕事の報酬も自分の社会的地位も高いため簡単には辞められない上に、周囲に対してはあたかも自分の仕事がブルシットではないように振る舞わなくてはならないという苦行を伴います。

第三次産業ではサービスをする人の人口は増えていない？

こういったブルシットジョブが、イギリスの労働市場全体の37％にも及ぶかもしれないというのがグレーバーの問題提議でした。これは驚くべき数字である一方で、実はそれなりの根拠が伴う数字でもあるのです。

「ペティの法則」と呼ばれる進化の法則があります。国が発展すると、農業などの第一次産業から工業などの第二次産業へ労働人口が移り、さらに発展すると第三次産業が人口の大半を占めるようになるという法則です。

具体的な数字を見ると、１９２０年の日本では第一次産業の労働者は労働者人口の半分以上を占めていました。それが現在では5％にまで減っています。日本の第二次産業は70年代から80年代がピークで、当時は労働者の3分の1がメーカーや建設業で働いていましたが、現在では25％程度になっています。そして、現在は第三次産業の労働者が日本全体の7割近くにまで増えているのです。

欧米の先進国ではその偏りはさらに顕著です。アメリカは農業国ですが、農業従事者などの第一次産業人口はわずか1・6％、工業など第二次産業は20％で、残りの80％近い人口が第三次産業で働いています。

ところがある研究者によると、ペティの法則は正しい半面、サービスに従事する人口が増えているわけではないようです。飲食店の従業員や、不動産の営業、販売店の店員といったサービス業の数が占める割合は人口全体の2割前後ですが、過去100年間でそれほど増えてはいないというのです。

ペティの法則は、統計が「その他の仕事」をすべて第三次産業に分類するから成立するものなのです。たとえばある研究では、確かに過去50年間で第三次産業の労働人口は急増していましたが、第三次産業を「サービス業」と「情報」という2つのカテゴリーに分けたところ、人口が急増していたのは「情報」に携わるひとたちだけだったとされています。

情報というと最先端のＩＴの仕事を指すように思われますが、ここでいう情報とは誰かと誰かの間に入ってやり取りをする仕事すべてを指します。この情報に携わる仕事の中に、ブルシットジョブはどれほどあるのでしょうか？

マクロの情報統計をもとにしたペティの法則の、修正分析が正しいとすると、現代社会では情報に携わる仕事に含まれている「得体のしれない情報」と称する仕事が増えているようです。この「得体のしれない情報」とは、「エグゼクティブなんちゃら」や「なんとか補佐」「なんとか管理プロセス従事者」といった、政治的にだけ意味のある仕事のことを指します。

この「得体のしれない情報」という仕事が増殖したせいで、ケインズが予測した、テクノロジーによって労働時間が週15時間で済む未来が訪れなかったのかもしれません。

先進国で働く人々の労働時間の内、４割がブルシットジョブによって消費されているとしたら、本当に意味のある労働時間は、全体の６割だけということになります。つまり、ブルシットジョブに当たる「得体のしれない情報」に関する仕事をやめることができれば、労働時間は週40時間ではなく、週24時間で済むようになるのかもしれません。

ケインズの時代にはコンピュータもスマホもなく、近代医療も巨大建築物もグローバル物流網も存在していませんでした。ケインズの予測の15時間と、ブルシットジョブからの概算の24時間の差分は、それこそ過去100年間のイノベーションが生んだ、意味のある新しい仕事に当たるのではないでしょうか。

本来は週15時間の労働で済むはずだった私たちの生活は、イノベーションが生み出した新しい雇用の出現により、約1・5倍の週24時間に増加しました。しかしここに政治と道徳という、経済とは別の理由によって「くそどうでもいい業務」が追加され、週16時間分の無駄な仕事が生み出されているのではないでしょうか。

なぜ無駄な仕事が増殖してしまうのか？

ここで言う道徳的な理由とは、伝統的社会における世間の目は、仕事もしないでぶらぶらとしている人生をよいものだと考えないということです。

失業というものは、近代経済学では必然的に一定量起きる経済現象だと考えます。経済理論では失業をゼロにすることはできませんし、それを達成しようとすれば経済は合理的な均衡点から外れてしまうということです。

一方で、現実的には失業を経験すると人間はみじめな気持ちになります。経済が好況ならば数か月で新しい仕事が見つかりますが、不況が長引くと1年以上仕事がない状況が続くこともあります。経済学的には仕方のない現象であるにもかかわらず、それを伝統的な社会の目は道徳的によいことだとは見なさず、本人も気分が落ち込むわけです。

失業は個人の観点から見れば人間としての尊厳の問題ですから、失業の際は目の前にあるポジションが意味のある仕事であろうがなかろうが、とにかくそれなりに周囲に尊敬される、何らかの定職に就きたいと心から願うものなのです。

さて、１９２９年の世界大恐慌のときはこの失業がかつてないレベルで起きました。大恐慌のピークでのアメリカの失業率は約25％にまで上りました。

この時期に登場したケインズは、「有効需要の創出」という新しい経済政策を提唱しました。政府がダム建設などの公共政策を始めることで新たな雇用を創出し、経済を好転させるべきだと唱えたのです。

ケインズの新しい経済政策は成功に終わり、それ以降の政治の世界では、新しい雇用は政治的に創出できる、と考えるようになりました。

つまり、ブルシットジョブが増えるメカニズムとして次のようなことが考えられます。

①道徳的な事情から人や社会は失業をよいものだとは考えないため、失業率の増加が社会問題となる

②社会問題が大きくなると、政権が不安定になるという政治的な事情から、政府はよろこんで仕事を創出する

③その新しい仕事が「本当に経済合理的なのかどうか」はここでは関係ないので、ブルシットジョブが生まれる

日本という国は世界から見ても、この政治による仕事の創出に特に熱心な国だと思われているようです。予算さえあれば税収がなくてもつぎつぎに土木工事の仕事を創出していますし、それが夜間に道路を掘り起こして、明け方にそれを埋めるような無駄な仕事だったりするからです。

もちろん意味があるから道路を掘り起こしているわけですが、政府が創出する仕事が本当に意味のあるものばかりなのかどうかは、疑惑が残ります。

出来が悪いほど都合がいい仕組み

最近起こった、マイナンバー事件の事例ではどうでしょうか？

日本政府が推進するマイナンバーカード事業では、個人情報が他人のマイナンバーカードと誤って紐づけされてしまうという、よくない事例が多数発生しました。マイナンバーカードと健康保険証の紐づけが同姓同名の別人とつながってしまったとか、マイナンバーカードに紐づけられる銀行口座情報が違うひとに設定されるとか、そのような事象が多数発生してしまったことでメディアは怒り、デジタル庁には国の指導が入りました。

結果としてマイナンバーカードは総点検が必要だとされ、これまでの紐づけ作業を全部チェックするという新しい雇用が生まれてしまいました。

紐づけの間違いの原因は、主にヒューマンエラーにあったそうです。自治体がマイナンバーカードと健康保険証を紐づけする際に入力を間違える場合もあれば、個人が銀行口座を申請する際に、家族全員のマイナンバーカードを世帯主の口座に紐づけてしまったような間違いが起きていました。

個人情報侵害の問題ですから、総点検が必要だという意見はわからないでもないのですが、全部点検するというのは無駄な仕事のように思えます。そもそも大臣が「今後もヒューマンエラーはゼロにはならない」と述べているぐらいなので、エラーが発見されるたびにそれを正せばいいだけなのではないでしょうか。

しかし政府としてはきちんとやっているという取り繕いが必要です。ですから全部点検するという仕事を作り出しているのです。

それに加えて、デジタル庁の仕事に対して今度は立ち入り検査の仕事が発生することになりました。これもブルシットジョブなのかといえば、現実によくないプロセスの業務が行われているのですから、チェックして監査する仕事は重要な仕事ではあるわけです。

前述した『ブルシット・ジョブ』という本に書かれている重要な洞察は、このような出来の悪い公的な仕組みは、その出来が悪ければ悪いほど、周囲の人たちにとっては都合がいいという記述です。問題が解決しない限り、新たな監査や新たなシステム改修、新たな作業がつぎつぎと嫌になるほど発生するのに応じて新たな雇用もたくさん生まれる分、そこに費やされる税金もどんどん増えていきます。そして、問題が解決すると同時にこのサイクルも終わりを迎えます。

この観点からマイナンバーカードの事例を見直してみたところ、この事例も出来の悪い公的な仕組み問題に当てはまっていることに気がつきます。そもそもマイナ保険証を導入することとなった背景としては、紙の保険証が年間で約20億件使われていて、そのうちの約５００万件が間違いで差し戻されているという問題があったからです。この問題を解決するために、マイナンバーカードと健康保険証を紐づけるプロジェクトが始まったのです。

つまりこのプロジェクトがうまくいってしまうと、年間５００万件もあった間違った申請を処理するための仕事が大量に消滅してしまうことになるのです。税金を払う側の国民にとってはこのプロジェクトが早期に終了した方がいいのですが、関係者側からすると、つぎつぎと問題が起きてプロジェクトが長期化してくれた方が、無職の国民を生み出さずに済むので、政治的に都合のよい状況が続くのです。

意味のない仕事はこれからも増える

この現象を俯瞰《ふかん》してみると、世の中は間違いが起きるほどどんどん雇用が生まれるという仕組みになっていることがわかります。グレーバーはこの点が世界中のブルシットジョブ発生の共通メカニズムにもなっていると指摘しています。

要するに、延々と解決できない社会問題が発生すると、そこに道徳と政治が望む新たな雇用ニーズ（ブルシットジョブ）が出現するというわけです。

そして各国の当事者たちは、こういった問題が長期にわたって解決されないことを望んでいます。国というお金の出し手が無期限・無制限にお金を出してくれる状況というのはとてもおいしいものだからです。

さて、この問題、常に国がお金を出してくれるというわけではありません。

日本では同じ時期にインボイス制度が始まりました。国がルールを変えたせいで、多くの事業者がインボイス制度対応のソフトウェアに買い替えたり、インボイス制度に対応するための新たな仕事が発生したりしました。

しかも、インボイス制度に反対する声が多くあがったことにより軽減ルールという新しいルールができ、また対応を迫られることになりました。このように、巻き込まれる側に請求書がまわってくることも多いのです。

これらはあくまで現象の1つの側面ですが、ブルシットジョブは現代社会では増殖する傾向にあることは間違いありません。

経済学の視点では、資本主義社会で企業が意味のない仕事にお金を使うような現象など、起きるわけがないと考えられてきたのですが、現実には、そこに道徳と政治が絡んでくると意味のない仕事が一定数生まれてしまうのです。

ブルシットジョブの5つの類型

こうしてグローバーはブルシットジョブ論を世間に納得させることに成功しました。

彼によれば、ブルシットジョブには典型的な５つのパターンがあるようです。原文では翻訳にちょっと難しい言葉が使われているのですが、「取り巻き」「脅し屋」「尻ぬぐい」「書類穴埋め人」「仕事を生み出すひと（タスクマスター）」の５つです。

順に説明していきます。まず１つ目の「取り巻き」とは、偉いひとが自分をより偉く見せるために雇うひとの仕事を指します。たとえば会社が大きくなったので社長室という組織を作ることにして、その後で社長室の仕事は何をするのかを考えるようなケースです。

２つ目の「脅し屋」とは、先ほどの例で言えばデジタル庁を監査するひとたちのような仕事を指します。問題が起きればそれは当然意味のある仕事になりますが、まだ問題が起きていないときでも彼らは常に待機しています。その間はやることがないので「あるべきプロセスの設計」などといった、平時は無駄な仕事を増やしていきます。

3つ目の「尻ぬぐい」とは、組織の中で問題が起きてしまったせいで一時的に存在しなければいけなくなった仕事を指します。デジタル庁の事例で言えば、総点検のために雇われた非正規従業員などがそれにあたるでしょう。

4つ目の「書類穴埋め人」とは、官僚的な手続きのために発生する仕事を指します。これが一番わかりやすいブルシットジョブではないでしょうか。先ほどもお話ししたインボイス制度に関して、私の会社でも対応していくために新しく18万円もする会計ソフトを購入する必要があったので、国の補助金をもらいました。

その際に経験したのが「あの書類を持ってきてください」とか「この書類を穴埋めしてください」とか「こういう書類を作成してください」といった、本当に必要なのかわからないような仕事の数々でした。チェックリストだけでA4の紙2枚分もあって、それをすべて処理したうえで書類をオンライン上で提出して、ようやく補助金の申請が完了。そうやって時間をかけて提出した書類は、特に不備がなければその後誰かに読まれることも確認されることもなく、どこかのデータセンターに永久保存されておしまいです。

最後の５つ目の「仕事を生み出すひと」とは、たとえば職場で「何もしないでいてほしいな」と思われるタイプのひとを指します。というのも、そのひとは本当はやることが何もないのに、つぎつぎと思いつきで仕事を生み出してしまうひとなのです。

仕事の進行をチェックする打ち合わせをしようとか、職場に適応しているかどうか確認する打ち合わせをしたいとか、今の業務プロセスを文書化するので話を聞きたいとか、つぎつぎと無駄な仕事を生み出しては、そのたびに周りのひとたちの重要な仕事を止めてしまう、そんなひとのことです。

いつまでも成長できない企業のありがちな「反論」

読者の皆さんもお気づきのとおり、このようなブルシットジョブ論を抜きにしてしまうと、ＡＩによる仕事消滅論も未来予測を見誤ってしまいます。ＡＩが業務を消滅させればさせるほど、社会は「クソどうでもいい仕事を生み出そう」と反作用を引き起こすからです。

この問題はＩＴ業界で長く仕事をしている人間（私もそのひとりですが）にとっては、実はなじみ深い話なのです。インターネットのなかった30年前ですら、巨大なＩＴプロジェクトを大企業に売り込む際に、私たちコンサルタントはその効果を定量化して大企業幹部を説得する武器にしていました。

「このシステム導入で、将来的に年間３００人分の仕事をシステムに置き換えることができるので、１年間のコストが60億円削減できます」

などと説明していたのですが、その際に経営者がよくジョークでぼやいていたのが、

「過去10年間に導入したすべてのＩＴプロジェクトで、君たちの提案どおりに人員削減が進んでいたら、今頃わが社の従業員はゼロになっているはずなのにな」

というものです。

ＩＴプロジェクトを売り込む側の反論としては、その省力化で浮いた人員はすべて成長のための仕事に投入できるのですよ、というものでしたが、経営者の有力な再反論としては、その割にわが社は過去30年間でそれほど成長できていない、というものでした。成長できない責任は経営者にもあるので、この論争が大問題になることはないのですが、なくなった仕事はつぎつぎとブルシットジョブに置き換わったのだと考えた方がこの現象は論

理的に説明できるように思えます。

ソフトバンクのＧＰＴ－４活用術

さて、この先、生成ＡＩを活用することで私たちの仕事の生産性は大幅に向上しそうです。一方で私たちの職場の組織においては、経済合理性だけでは片づけられないような、道徳的ないしは政治的な考え方というものが存在します。

生成ＡＩが活躍するようになる近未来、私たちの仕事はどう変わっていくのでしょうか？　そのことをより具体的に想像していくのに最適な題材として、テレビ東京系『ガイアの夜明け』というテレビ番組で紹介されていた、ソフトバンクが生成ＡＩを業務に採り入れる事例を挙げます。

先にお断り申し上げておきますと、ここで私はソフトバンクを悪く言うつもりはまったくございません。そうではなくて、ソフトバンクという先進事例企業が生成ＡＩを仕事に採り入れたことで、どのような混乱が起きていたのかを皆さんと一緒に見ていきたいのです。

その観点で非常に申し訳ないのですが、番組ではよい事例として取り上げられていたソフトバンクの様子を、私独自の視点からツッコミを入れる形で紹介させていただきたいと思います。ご了承ください。

ソフトバンクの創業者の孫正義さんはGPT－4を日常的に使っているそうです。日々思いつく新しいビジネスアイデアの数々をGPT－4を相手に壁打ちすることで、さまざまな観点から検討しているそうです。これにより、今まではできなかったスピードで自身の考えを進化させることができるようになったとおっしゃっていました。

この経験からソフトバンクグループでは、GPT－4をいち早く業務に取り込み、社員が仕事に活かせるようにしています。その一例として、主要子会社であるソフトバンクが年に1回開催している重要イベント『ソフトバンクワールド2023』のキャッチコピーをAIに考えてもらうという様子が、番組内で紹介されていました。

ちなみに昨年のイベントのキャッチコピーは「ニッポン、変えテク。」でした。わずか10文字の中で、日本を変えていくのはテクノロジーだというメッセージが明確に伝わる、秀逸なコピーだと思います。昨年、人間が作ったこのコピーを超えるような新たなコピーを、こんどはAIを使って考えようというのが今年のミッションです。

人間VS.生成ＡＩのコピーライティング

さて、今年のコピーを検討するために、会議室には５人の従業員が集まりました。いや、ここはまだツッコむところではないのかもしれませんが、ＡＩにコピーを考えてもらうのに人間が５人も必要でしょうか？……いちおう、最初の時点からここが気になっていました。

さて、会議の主催者はＡＩに対して「参加したくなるような期待感を込めたコピーを、10案考えて」と要望を出します。すると生成ＡＩは10数秒でコピーを生み出しました。それは、

「スリルを、予測不可能な未来へ。」
「ここでしか味わえない、最高の感動。」
「未知なる可能性を、手にする。」

といったそれらしい案ばかりでした。今年のイベントは生成ＡＩが中心テーマとなっているので、参加者は生成ＡＩによって世界がどう変わるのか、不安や期待が混ざった複雑

な気持ちを抱えて会場に来るはずです。

「スリルを」という言葉にはその複雑な気持ちを、参加者により意識させる力がありますし、「ここでしか味わえない」という言葉には、参加するひとの期待感をより高める力があります。

また、「可能性を」と「手にする」の間に「、」が入るというのも、人間のコピーライターのテクニックを忠実に模倣しています。「未知なる可能性を手にする」だといかにも凡庸な言葉になってしまうのですが、間に「、」が入ることによって、会場に足を運ぶことで可能性を「手にする」ことができる、という期待感を強調できていると思います。

この時点で既に、ＡＩは模倣コピーライターとしてのいい仕事ぶりを見せているのですが、お楽しみはここからです。主催者が「もっとセンスのある尖ったコピーを」「有名コピーライターが考えたような」とさらなる要望をインプットすると、生成ＡＩは人間が思いつけないようなコピーを展開し始めます。それは以下のようなものでした。

「狂喜乱舞せよ。未知の領域へ。」
「時代の転換点が来た。ビジネスを加速させるのはあなた。いやそれとも。」
「ビジネスの楽園か。狂喜の迷宮か。」

「リスクを恐れずに舞い踊れ。」

「解読せよ。成功の鍵を手に入れん。」

「奇跡の砂漠で新たな宝を見つけよ。」

「狂喜乱舞」「ビジネスの楽園」「舞い踊れ」などの言葉は、人間では数秒間のうちに思いつけない言葉なのではないでしょうか。尖った言葉ですが、始まったばかりの生成ＡＩブームに対して、人々が心の底で感じているさまざまな思いをうまく抽出してくれています。


「奇跡の砂漠で新たな宝を」というくだりは、まさに今、ビジネスの現場にいる当事者たちが思うことそのままです。砂漠の砂の中から、どうやってわずかな宝を見つければいいのか、日常業務をほったらかしにしてでも、まずはイベントに駆け付けたいような気持ちが湧き上がります。

「ビジネスを加速させるのはあなた。いやそれとも。」というコピーの二重性にも心をはっとさせられます。「ビジネスを加速させるのは他社かもしれない」という不安に加えて、そこには「ビジネスを減速させてしまうのは自分かもしれない」という二重の不安がよぎるからです。

このように、会議では647個のコピーを生成AIが作成していたのですが、オチとして最終的に決まったコピーが、

「テクノロジーの新潮流。今、世界が動き出す。」

だったという点に、私は個人的にがっくりきました。わかるのです。関係各所にコンセンサスをとろうとしたら、こういった無難な案でないと通らないものです。それが会社組織というものです。AIの良さをすりつぶして平均化していく仕事こそ、人間に残された最後の砦《とりで》であることが再認識できました。

どの企業も「生成AIの洗礼」を浴びる

番組によれば、2022年はキャッチコピーを決めるのに2か月かかったが、今年は半分の時間で完成したというのが、生成AIを仕事に活用した成果だそうです。でもそれはたぶん違うのです。

生成AIはこの事例で言えば、3つの方向でソフトバンクをより加速させる力を持っていたはずです。

①コピーを決める会議に人間は５人も必要ではなくなる
②人間には思いつけない案が、イベントの集客を加速させる（決める側の人間にイノベーションの責任をとる勇気さえあればの話ですが……）
③無難な案を決めるのであれば、この会議で今後５年分のコピーが決められたはず。次の会議の開催を６年後にすれば、生産性は５倍に上がる

繰り返しにはなりますが、これは決して、テレビに出られた方々をディスっているわけではありません。今の会社常識の中で、生成ＡＩの洗礼を受ければ誰だって最初は、ソフトバンクの皆さんのような反応をしてしまうものです。革命的なイノベーションに合わせて仕事のスタイルも急激に変化させるのは、大変難しい注文なのです。

一方でこの後述べさせていただくように、まさにその大変難しい、革命的なイノベーションに合わせた仕事スタイルを取り入れている先端企業が存在しています。

そういった新しいタイプの企業がつぎつぎと出てくるようになると、普通の会社は太刀打ちできなくなります。仕事が消滅する前に、会社が消滅するなんてことが起きてしまうかもしれません。

とはいえ、その話に入る前にもう少し、ブルシットジョブ現象について、お話ししてお

かなければいけません。後1テーマだけ、ブルシットジョブがもたらす社会の矛盾の話にお付き合いください。

ブルシットジョブを生み出す「同一労働・同一賃金問題」

1970年当時、アメリカの高所得層、中間所得層、低所得層の人数比はそれぞれ同じくらいだったそうです。そもそも当時は高所得者といっても、日本円にして数千万円だけ多く持っているというレベルで、貧富の差がそれほど大きくなかった時代でした。

その後、貧富の差が拡大していくとともに、2021年までの間に中間所得層の比率が全体の38%から23%に縮小しました。

アメリカ市民を左から右へ所得が多い順に一列に並べてみると、左端には人数は少ないけれど年収が億を超えるひとたちが集まり、右側には生活がかつかつのひとたちがたくさん集まります。一方、その中間に当たる、いわゆる中流のひとたちが大幅に減少していま す。学者からは「バーベル型」と呼ばれる両極端の雇用構造が生まれました。

会社の中では、中流に当たるホワイトカラーの業務が減りました。日本でも、1970

年代の銀行の支店では、窓口スタッフと支店長の間に2列か3列の机が並んでいて、難しい顔をしたたくさんの銀行員たちがさまざまな事務作業をこなしている姿をよく目にしました。現在銀行の支店に行ってみると、窓口と支店長の間には数人のスタッフがいるだけで、後は空きスペースになっています。

このように、中流のホワイトカラーの仕事は機械やITに置き換えられている一方で、機械やITに置き換えられないエッセンシャルワーカーの仕事は低賃金のまま、その数が増えています。工場のマシンオペレーターのように、それなりに給与が高い仕事もありますが、社会全体で増えた仕事の多くは清掃員、ハウスキーパー、ソーシャルワーカー、医療助手、ツアーガイドなどといった低賃金の現場仕事でした。

さて日本では法律上、正社員が上からの指示による配置転換で、ホワイトカラーの仕事からエッセンシャルワーカーの仕事に異動したとしても、給与を大幅に下げることはできません。同じ仕事をしているのに、給料が違うというケースが多発し、社会問題になったこともあります。

具体的にお話ししますと、JRの駅のKIOSKで働く人の中にもJRの正社員と、非正規雇用のひとたちがいます。前者は中流の給料が、後者はそれなりの給料しか払われないというのが、典型的な同一労働・同一賃金問題になります。この批判を避けるために、正社員に対してたまに研修を受けさせる、大規模な会議に参加させるといった「同一ではないことを装う業務」を企業側は作り出しています。まさに、ブルシットジョブ論どおりのことが起きているのです。

低所得者の仕事の方が高所得者よりも社会的価値が高い？

ここで書籍の『ブルシット・ジョブ』から興味深い話を１つ紹介したいと思います。経済学者の間で、ブルシットジョブと社会的な意義のあるエッセンシャルワークのどちらが、より多くの社会的価値を生み出しているのかについて議論されたことがあります。本の中で、イギリスのニューエコノミー財団のある研究論文が紹介されていました。

その論文が書かれた２００９年当時の為替レート、１ポンド＝１４６円で換算して紹介すると、イギリスでは地位の高い仕事に従事するひとは年収２０００万円以上でしたが、エッセンシャルワーカーは年収２００万円以下の生活を強《し》いられていました。

具体的な数字で紹介されていたエッセンシャルワーカーの年収は、病院の清掃員が１９

0万円、リサイクル業従事者が183万円、保育士が168万円でした。これは2009年の論文で、その後イギリスでは2023年までに1・5倍のインフレが起きているので、現在の病院の清掃員はだいたい年収290万円、リサイクル業従事者は270万円、保育士は250万円といった水準になっていると思われます。

財団の研究では、そこから社会的投資収益率分析という手法を用いて、その仕事が推定でどれくらいの社会的価値を生んでいるかを分析しています。すると驚くことに、病院の清掃員の仕事は2023年の価値にすれば年間2800万円の社会価値を生んでいたのです。同様にリサイクル業従事者は3300万円、保育士は1800万円でした。

一方で、年収2000万円以上を貰っているひとたちの仕事はどうかというと、実は年収以上に社会的価値を破壊しているようだという検証結果が出ているのです。まさにブルシットジョブです。そして、これは私たちも薄々気づいていたことではないでしょうか。

社会に必要なエッセンシャルワーカーの仕事は、給料が低くても生み出す社会的価値は遥かに大きいというのがこの研究結果になります。社会的価値をその仕事ひとりあたりが生み出すGDPだと読み替えれば、エッセンシャルワーカーの仕事は年収2000万円前後の価値があるのです。

にもかかわらず、エッセンシャルワーカーの給与が極端に低くなってしまう理由は2つあります。1つは、需給がそうなっているからです。もう1つは、エッセンシャルワーカーが生む社会的価値を搾取するブルシットジョブがその周りにたくさん存在するからです。財団の研究では、銀行家や税理士といった仕事にその疑惑が向けられています。

この先、少子高齢化で働き手の数が減れば、それに応じて最低賃金は需給に応じて上昇していくでしょう。そもそも、日本の最低賃金はその価値と比較すれば低すぎるとも言われています。

日本の最低賃金の全国平均は2023年にようやく1000円を超えました。一方海外では、アメリカ・カルフォルニア州が3000円、オーストラリアで2300円、ドイツが2000円、イギリスが1700円という水準です。日本が最低賃金1500円を目指しているのは、方向性としては正しいのです。

さらにアメリカでは、エッセンシャルワーカーの給与は需給によって最低賃金を上回っています。アメリカのアマゾンの倉庫の最低賃金は19ドルですし、カルフォルニアのマクドナルドの最低賃金は22ドルです。ちなみにマクドナルドの時給は、レストランの従業員よりも高いのですが、その理由はレストランと違ってチップがもらえないためだということです。

ＡＩに置き換えることができないエッセンシャルワークの報酬が、本来の社会的価値に少しでも近づいていく未来が描けるかどうかは、日本社会においても重要なテーマなのではないでしょうか。

価値を生み出すひとが意思決定する「ネットフリックス」

さて、この先ＡＩによって失われる仕事がブルシットジョブに置き換わり、中流のホワイトカラーの年収には特に変化が起きないという、私たちにとってはある意味美しくない未来がやって来てしまうのでしょうか？

派遣会社や清掃会社、建設会社や病院でもこれから先、それぞれ「エグゼクティブなんちゃら」や「なんとか企画チーム」といった、現場のワーカーよりも偉く、収入も高いポジションとしての無数のホワイトカラーの仕事が生み出されるようになるのでしょうか？

実はそうとも言えない新しい兆候があります。

グレーバーが提示した「エグゼクティブなんちゃら」たちに支配される映画の世界につ

いては重要な反対事例が存在します。それは、近年のアカデミー賞でハリウッドの映画会社に代わり賞を総なめするようになったネットフリックスの事例です。

ネットフリックスは営業面では加入者数が伸び悩むという課題を抱えていますが、コンテンツ制作面では世界のトップクラスの才能を集め、つぎつぎと話題作を生み出す立場へと躍進を遂げています。

その秘密は、組織体制にあります。ネットフリックスでは最高の人材を集め、少数精鋭でコンテンツを生み出すことができる体制が整っているのです。

ネットフリックスでは、転職してきた人材が企画を通すために誰の許可をもらえばいいかを訊いたところ、

「なんであなたが決めないんですか?」

と言われて驚いた、という笑い話があるほどです。

ネットフリックスには業界でもとびぬけた才能を持つ人材が集まっています。そしてその人材たちは、自分のプロジェクトを自らの責任で即決できるのです。ブルシットジョブを抱えて身動きが取れなくなっているハリウッド映画の仕組みと比較してみると、ネットフリックスの経営がどれだけ優位なのかは一目瞭然《いちもくりょうぜん》です。

このネットフリックス方式は経営学の研究で何度も取り上げられ、多くの経営者に知れ渡っています。それに触発されておそらく、ＧＡＦＡＭのような巨大ＩＴ企業でも「価値を生み出すひとが意思決定者になる」という仕組みが増えているのだと思います。

ベンチャーが成功して大企業に成長すると、否応なく社内が官僚化していくのが、かつてのお決まりでした。そんな流れを突き破った成功企業が増えていけば、当然ですがブルシットジョブを抱えた大企業は競争力を失っていきます。

「超少数精鋭組織」が会社を飛び越え世界を変えていく

ここでお伝えしたいのは、この潮流が、予測されている生成ＡＩによるビジネスモデルの変化と一致しているという点です。

生成ＡＩの出現によって「起きる」と予測されている変化の内の１つに、「超少数精鋭型ビジネスモデルの出現」というものがあります。

これまではいくら優秀な人材だとしても、ひとりの人間ができることには限りがありました。そのため、一流企業になるためには優秀な人材を多数雇用しながら、チームとして会社を動かしていくことがビジネスモデルの大前提でした。

逆に言えば、従来、できるビジネスパーソンの条件とは、多くの優秀な人材を束ねられることでした。スポーツの世界で言うところの「選手」よりも「監督」の方が、ビジネスシーンではその価値が圧倒的に高いとされていたのです。

ところが、AIの出現によりこの前提が変わる可能性があります。ひとりの優秀な人材が複数の生成AIを相棒として仕事をすることで、ひとりだけでビジネスの大きな塊（ポーション）の仕事を動かしていくことができます。10人の超優秀な少数精鋭のチームが、1000人の管理職を抱える一流企業と同じビジネスを動かしていけるような、新しいビジネスモデルが出現する未来が現実化してきたのです。

プロデューサーの下に5名のエグゼクティブなんちゃらが君臨し、何百もの企画書を却下しながら、ラッキーにも生き残った1つのシナリオが映画化されるハリウッド企業と、選ばれし優秀なプロデューサー人材に強い権限を与え、スピード感をもって視聴者が見たかった映像作品を実現するネットフリックス。「ブルシットジョブ型組織」対「超少数精鋭組織」が対決する構造は、映画業界以外にも波及する可能性が出てきたのです。

大手企業の食い物にされる「限界企業」の存在

経済学の用語に〝限界地〟というものがあります。現代の経営学において限界地とは、その業界の中に最低1社（通常は数社から数十社）存在する、まったく儲かっていない大赤字企業のことです。限界企業といった方が一般的かもしれません。

もともとは、イギリスの古典派経済学者リカードが農地の価格について提唱した理論から生まれた用語のため、ここではリカードにならって〝地〟という表現を用います。

リカードが提唱した限界地の理論の元となったのは、農作物の価格の理論でした。

この理論では、農作物の価格は、その国で農業として成立している農地の中でも一番悪い農地（日当たりが悪い、土地がやせているなどの理由から作物があまりとれない土地のこと）からとれる作物のコストに合わせる、という理論です。これを限界地と呼んでいます。

リカードは、この理論が企業の利益水準についてもあてはまることに気がついたのです。

たとえば、アメリカの自動車業界のビッグスリーでは旧クライスラー（現在はステランティスとして欧州の企業グループの一部門）が限界地に相当しますし、国内のビール業界でいえば、大手の中の4番手シェアに当たるサッポロビールが生産コストの限界地となるでしょう。

サッポロビールの興味深い点は、製品の品質が非常に高いことです。これは実は多くの限界地企業にあてはまる特徴です。サッポロビールが販売するヱビスビールはプレミアムビールとして高く評価されています。そしてそれと同じくらい品質の高いプレミアムビールが、イオンのＰＢ商品のトップバリュとして販売されています。

これが限界地企業の厳しい点です。限界地企業の商品価格は、市場原理の中でこれ以上安くては会社が存続できないレベルに落ち着きます。他の企業はその価格を基準として、限界地企業より高い生産性で、ないしはより高いブランド力で商品を供給することで儲けを出すのです。

大手が寡占《かせん》する市場において限界地企業は、ビジネスを止めることができません。なぜなら、その存在が大量の雇用を生んでいて、かつ銀行団にとっては多額の融資につながっているからです。

ビジネスを止めれば大量の失業者が生まれ、銀行も資金が回収できなくなります。そのためダイエー、日本航空、カネボウ、シャープなど、業界を代表する限界地企業の経営が傾くたびに政治問題になり、国家が救済策を講じるようになるのです。

一方で限界地企業が存在する限り、上位の企業は利益を上げ続けることができます。最下位の企業よりも安く商品やサービスをつくり、高く売るだけで上位企業の儲けが決まるのですから、大手企業は安泰です。経済学では、企業の利益はこのような相対関係によって決まるとされています。

世界各国の企業から踏み台にされる日本の未来

本章の締めくくりとして、未来のビジネスモデルを想像してみましょう。

ネットフリックスは、ハリウッドの映画会社が「限界地」としてくだらない映画作品を生んでくれている限り、儲けを拡大し成長し続けることができます。

同様に、これから続出するであろう「超少数精鋭型ビジネスモデル」を武器とするユニコーン企業にとって、同じ業界にブルシットジョブを抱えた限界地企業が多く存在しているような状況は都合がいい。

問題は生成ＡＩの出現以降、超少数精鋭型の企業は海外に出現する可能性が高く、日本企業は限界地企業にとどまる可能性が高いという予測があることです。何を失礼なことを言っているんだ！　と叱られてしまうかもしれません。しかし、「はじめに」で私が述べたことを思い出してみてください。

ＥＶシフトが起きると、協力会社を含めた大量の失業が起きる可能性があることから身動きがとれないでいる日本の自動車メーカー各社と、超少数精鋭で稼働するメガファクトリーを全世界に５つ、６つ、７つと着々と増やしているテスラ。どちらが２０３０年の限界地となっているのでしょうか。

ブルシットジョブを武器に、自らの地位を守ろうとする日本人経営者の存在は、短期的には多くの日本人の生活を守るのかもしれませんが、長期的に見ればそのことによって私たちの国の経済は世界の限界地として沈んでいくことになるのです。

生成ＡＩをどう使うかという議論はもちろんなされるべきですが、日本企業が喫緊《きっきん》に取り組むべきは、ブルシットジョブの撲滅という本当の意味の「働き方改革」ではないでしょうか。

第5章

ＡＩ車市場で周回遅れのトヨタの運命

創業以来、最大の危機に直面するトヨタ

トヨタは今、焦りまくっています。業績は良いのですが、このままいくと急拡大する新エネルギー車市場で売れる商品を2026年まで投入できなくなりそうなのです。

「いやトヨタだってbZ4Xという最新のEV車を発売しているじゃないか」と反論されるかもしれません。2023年にはこれに加えてレクサスのRZ、中国のBYDと共同開発したbZ3など、少しずつラインナップを増やしています。

まずはその点から話を始めましょう。トヨタがAI市場をどのように見誤ったのかという話からです。

2024年頭の時点で、最新のEV車に求められるものは何だと思いますか？　電池の性能と航続可能距離でしょうか？　AIの運転支援機能による安全性能でしょうか？　それともEV車特有のトルクがもたらす走りでしょうか？

もちろんそれらはすべて必要なことですが、「最重要」ではありません。SDVという開発コンセプトこそ最も必要なのです。

ＳＤＶ（Software Defined Vehicle）とは、これまで業界がコネクテッドカーと呼んでいたものの概念が進化したものです。その特徴は3つあります。

最もわかりやすい特徴は、ソフトウェアをダウンロードすることで性能が上がる点です。

コネクテッドカーという概念は、２０１０年代に聞かれるようになりました。メルセデスベンツがＣＡＳＥというキーワードを提唱し、次世代の車はConnected＝コネクティッド、Autonomous/Automated＝自動化、Shared＝シェアリング、Electric＝電動化という方向に進化すると、業界のロードマップを整理したのです。

このコネクテッドカーの概念を日本車メーカーは取り違えてきたと思われます。多くの日本のメーカーが実現できたコネクテッドカーは、ドライブ中に好きな音楽や映像コンテンツをダウンロードでき、地図で検索をすれば目的地の方向にあるレストランやお店の情報が検索でき、万が一のトラブルが起きた際にはコンタクトセンターから「どうしましたか？」と助けが入るようなレベルでした。

これに対して、新市場における日本車の最大のライバル・テスラが到達したコネクテッドカーの概念は、それらとは大きく異なるものでした。それがまさしくＳＤＶと呼ばれる

上海モーターショー／トヨタとスバルの共同開発EV車「トヨタbZ4X」
［写真提供：AFP＝時事］

概念です。ＳＤＶ車が持つ３つのコネクティビティとは、

①新しいソフトウェアをダウンロードするたびに自動車の性能が向上する

②走行中の車の運転データをビッグデータとして吸い上げることができる。そのデータを、たとえば自動運転のＡＩの機械学習に活用することでＡＩがますます賢くなる

③同じく吸い上げたビッグデータは、次世代の新型車開発に活用される。具体的には部品性能の見直し、走行性能のハードウェア的な向上、そしてコストダウンへと活かされる

というものです。

日本人は知らない、本当のＳＤＶ車

私は車を２台持っており、そのうちの１台はテスラのモデルＹです。テスラの性能にはおおむね満足していますが、一部不満もあります。

たとえば、オプションで購入した自動パーキング機能の性能があまりよくないこと。今のところ、駐車スペースに白線が引いてあって、尚且つ両側に車が止まり中央だけ空いている状況でないと、ＡＩが駐車場だと認識してくれません。

いったん認識すればボタン１つで駐車場にぴったりと停めてくれるのですが、そのパターンに遭遇する確率があまり高くないのです。結局自分でバックして駐車した方が早いので、この自動パーキングのオプションはそれほど使いません。

ただ、テスラの場合、いずれこの性能が向上する可能性があります。

所有者としての期待は、ある朝、ソフトウェアがアップデートされたというメッセージが入り、車に乗って職場に着くと、昨日までは認識してくれなかった駐車スペースを自動認識してくれるようになっている。以後、気軽に自動パーキング機能を使っていける……

というものです。

同じく、テスラのカーナビも洗練されているとは言い難い。マイクに向かって音声で目的地を告げると自動検索してくれるなど、検索面のＡＩは優れているのですが、自動生成される合成音声の日本語のイントネーションがあまりにつたないのです。

ただ、この欠点もいずれソフトウェアのアップデートで解決されるでしょう。やがて人間と同じように話してくれる音声に置き換わり、その後は男女20種類ぐらいのキャラから好きな音声を選択できるところまで進化するはずです。

このように、ＳＤＶはソフトウェアのダウンロードによって自動車としての性能が上がるという点が、所有者にとっての最大のメリットになります。

もう１つ、日本人ユーザーとしてテスラの自動運転システムに対する今後の期待感をひと言述べておきたいです。

というのも、アメリカではテスラのＦＳＤ（Full Self Driving＝完全自動運転対応機能）という運転モードが利用できるのですが、日本ではその機能が封印されているのです。購入時に１００万円ほど余計に支払えば、日本でもＦＳＤオプションを搭載できるのですが、国が使用を認めてくれません。

上海モーターショー／テスラ・モデルY
［写真提供：EPA＝時事］

　そのような事情から私はＦＳＤオプションを購入しなかったのですが、この先、２０２X年にテスラのＦＳＤを日本政府が認可してくれた段階で、私が所有する２０２３年製テスラモデルＹも有償でＦＳＤ機能をダウンロードできることになるはずです。多くの日本人ユーザーも私と同じ期待感を持っていることでしょう。

　このように、新しいソフトウェアをダウンロードすることによって性能が向上するというスペックは、パソコンやiPhoneなどのコンピュータ機器においては私たち日本人にとってもお馴染みでも、車においては耳馴染みのないスペックかと思います。

　悲しいことに、日本車はこのＳＤＶ機能で大きく出遅れてしまっているのです。

日本の車業界が持つ最大の強みが、開発の「足かせ」に

日本車がSDV機能で出遅れた理由は、日本車の最大の強みである、「すり合わせ技術」にあります。

たとえば、トヨタ車はトヨタが単独で開発しているわけではありません。新車を開発する際は、ティア1と呼ばれる協力会社が集まって開発チームを編成します。昭和の時代は1次下請けと呼んでいたのですが、今は協力会社と呼ぶようになっています。

トヨタ系のティア1の名前を挙げていくと、電装部品が得意なデンソー、ブレーキや変速機が得意なアイシン、ステアリングやベアリングが得意なジェイテクトなどが挙げられます。独立系ではワイヤーハーネスが得意な矢崎総業、オイルシールが得意なNOK、ヘッドライトが得意な小糸製作所、シートが得意なセーレンといった企業があります。

こういった各分野で日本を代表する会社からそれぞれ優秀なエンジニアが集まって、新車開発のプロジェクトを立ち上げます。

新車はガソリン車の場合、実に2万5000点もの部品を組み上げてつくられていま

す。コンパクトが売りの日本車の場合、それらを車体やエンジンルーム、インパネなどそれぞれの場所に正確に組み込めるよう、幕の内弁当を作り上げるよりもはるかに緻密な計算の元、設計されています。

そんな繊細な車づくりをするためには、各社の技術と設計をすり合わせたうえで、それぞれが担当する領域を切り分け、主要部品を開発していく必要があります。重さやバランスの少しのズレも許されないような世界なので、「ここを数グラム軽い部品に変えよう」とか「ここを数センチだけズラして」といった形で、最後はミリ単位まですり合わせて設計されています。

ここが日本車の開発チームの強みなのですが、ＳＤＶの時代になってこれが「弱み」に変わってしまいます。なぜなら、各協力会社がそれぞれ担当している部品を設計しているがゆえに、それらをコントロールする半導体部品も同様に、独自にかつ大量に組み込まれてしまうからです。

パソコンやスマホのＣＰＵ（中央演算装置）に相当する自動車の半導体として、ＥＣＵ（Electronic Control Unit＝エンジンの働きを総合的に制御するマイクロコントローラー）があります。日本車の場合、各協力会社が各部品をバラバラにつくり、最終的に１つにまとめるという方法をとっているので、このＥＣＵも各部品に独自に組み込まれています。そのため、協力会社が数十社もある場合、ＥＣＵが１台に20〜30個も搭載されてしまうことになるのです。つまり、バラバラのＥＣＵがそれぞれ違う主要部品を制御している状態です。

すると、それまでは安全に走行できる設計になっていたとしても、車を制御するソフトウェアを新しくダウンロードすると、アップデートに対応しきれない箇所が出てきて、車が突然走らなくなってしまったりするリスクが生じるのです。昔のパソコンでは、ＯＳをアップデートすると古いソフトが動かなくなる現象がありました。あれと同じ現象が起きかねないのです。

テスラはそれを見越して、ＥＣＵをわずか３個に絞り込んだ設計をしています。だから車を運転するソフトウェアを頻繁に更新し続けられるのです。

各国がまったく追いつけない、テスラ車の性能

日本車も２０２２年頃からＯＴＡ（Over The Air＝スマートフォンや自動車などのソ

フトウェアを、データ通信のような無線通信を用いて更新・変更するプロセス）技術を導入したと称する新車が増えています。無線経由でソフトウェアやファームウェアがアップデートできるのですが、その領域はまだ、カーナビやカーオーディオといったものに限られています。

ここが重要な点ですが、ＳＤＶのテスラと違い、日本車は４年に一度のモデルチェンジで新車が発売されても、その後は基本的に性能が変わりません。

私は経済評論家として、無駄遣いだと思いつつ毎年車を買い替えています。２台持ちで１年毎に１台買い替えていて、その都度、その時点で最先端の性能を試すようにしています。

所有車の自動運転性能という意味では、５年ほど前に乗っていたスバルの初代レヴォーグがかつては時代の最先端でした。カーオブザイヤーも受賞した車で、アイサイトと呼ばれる最新のカメラと画像認識技術で、（個人の感想ですが）高速道路ではほぼ自動運転といってもいいほどの運転技術を誇っていました。

ところが初代レヴォーグにも欠点があって、たとえば速度を60㎞に設定して首都高を走っていると、常に60㎞の均一速度で走ってしまうのです。ですから、首都高の急カーブでは常に体が運転席の中で左右に振られます。

その後買い替えた2代目レヴォーグではこの欠点が解消されており、セミオートパイロット状態で首都高に乗ると、カーブの手前で自動的にブレーキが踏まれるようになりました。車の開発としては進歩なのですが、一般的に車を買ったら6年ぐらいは乗り続けるはずです。毎年車を買い替える私だからこの進歩に気がつけますが、本来はこういった運転性能は、その6年の間に少しずつソフトウェアでアップデートした方がいいはずです。しかし、日本車ではこれができないのです。

以前、トヨタ初のEV車「bZ4X」が、急速充電に関してソフトウェア上で制限（急速充電を繰り返すと受け入れ出力の制限が発動する）がかかっていたことに対してユーザーからの不満が出たことがあります。

そしてその後、ソフトウェアアップデートでこの制限が解消されたことで、充電性能が向上しています。トヨタ車でも、前述したようなそれぞれのソフトウェア設定のアップデートならばOTAで解消できます。

しかし、アーキテクチャーの思想はあくまで、インターネット等につながず単独で機能させる「スタンドアローン」なので、この先ソフトウェアアップデートで運転性能が上がることはありません。

ですから購入したオーナーはこの先、中古販売で苦労することになると思います。性能が上がっていくＳＤＶとの差がどんどん開いてしまうからです。

ｂＺ４Ｘをトヨタがそれほど力を入れて売っていない理由がここにあるのです。

テスラの中古車の場合、ＯＳは随時アップデートされていきます。バッテリーは８年保証で、その気になれば９年目以降はまた２５０万円ぐらいかけてバッテリーを入れ替えれば、新車の状態まで戻すこともできます。このように性能をアップデートする形で何年間も維持できる車と、性能が上がらないのでただただ古くなっていく車とでは、ＡＩが日進月歩で進化する時代には中古車の市場価値が大きく違ってきます。

そして当然、トヨタもそのことに気づいています。次世代の車はＳＤＶになるべきだとわかっているため、これから開発する新型車においては、「アリーン」という次世代ＯＳを搭載しており、そこにすべての制御を統合させていくコンセプトで開発を進めています。

テスラのＳＤＶ性能をレベル４・０と指す指標があります。テスラは２０１７年に発売したモデル３ですでにこのレベルに到達していました。

一方のトヨタは、これに追随するべく2026年にその1つ下のレベル3・0のアーキテクチャーを搭載したEV車の発売を計画しています。これは高度運転支援領域でアプリケーションのアップデート機能を実現させるレベルで、これでトヨタ車もようやくSDVの入り口に到達できると言えます。しかしそれにしても、テスラから約10年の遅れになります。

問題はその核となるアリーンがいまだに完成していないことです。2026年発売のEV車にアリーンを間に合わせる前提だったのに、その前年の2025年発売のガソリン車へのアリーン搭載が既に遅れています。

実はこれはトヨタだけが直面している課題ではなく、欧州のVWも同様にソフトウェア開発において、当初想定していた開発スケジュールが遅れに遅れているようです。これにより、どのような問題が起きてくるのでしょうか？

EV車の世界市場でトップ争いをする中国

ここでお隣・中国の自動車市場についての話をします。

2023年、日本の自動車業界では「上海モーターショー・ショック（以降、上海ショック）」という言葉が話題になりました。コロナ禍明けの上海で久しぶりに本格開催された世界的なモーターショーに出席してみて、そこであらためて中国製の乗用車の開発コンセプトの先進性に度肝を抜かれたということです。

ちなみに私が持っている車の2台目は、中国のBYDが発売する「ドルフィン」です。BYDはもともと電池メーカーから発展した自動車会社で、EV車の世界市場ではテスラと世界シェアを二分する存在です。

特徴としては、ブレードバッテリーという細長いブレード状の電池を敷き詰める方式により、体積利用率を向上させると同時に、バッテリーの熱暴走リスクを低減できるところにあります。

バッテリーやモーターを内製してコスト競争力を追求した結果、BYDは、日本市場では初と言っていいコンパクトカータイプのEV車の投入に成功しました。EV市場にはこれまで大柄なSUVタイプの乗用車か、日産「サクラ」のような軽自動車しか存在していなかったので、コンパクトカータイプのドルフィンは今のところ日本市場では独自の存在感を示せています。

これから2年、中国EV市場でのトヨタの売り上げがゼロに？

さて、中国の自動車市場では、ＥＶシフトと同時にＡＩシフトも進んでいます。そしてこれから発売される乗用車のコンセプトはＳＤＶが中心になっていきます。そんな現実を目《ま》の当たりにした日本車メーカーが頭を抱えたというのが、前述の上海ショックでした。

この上海ショックと時期を同じくして２０２３年３月を境に、中国で日本車の販売台数が一気に悪化しました。

上期の販売成績を見ると、中国全体の市場では１～６月の新車累計販売台数の前年同期比が２・４％増という状況の中で、ＢＹＤが90％増、アメリカのテスラが49％増とＥＶ勢がシェアを拡大しました。

一方で、それを迎え撃つはずの日本勢は、トヨタが▲３％と減少しながらも踏みとどまった以外は、日産が▲24％、ホンダが▲22％、三菱が▲37％、マツダが▲47％と、二桁のマイナスを記録してしまいました。このうち三菱自動車はその後、中国市場からの撤退を表明しています。

中国での国別シェア（２０２３年１～６月）では、日本車勢は15％までシェアを落としました。中国車が52％と過半数にまで伸びた一方で、ドイツ車が19％、アメリカ車が10％、韓国車はほぼ存在感がなくなっているという状況ですから、日本だけが負けているわけではありません。

ただ、このシェア減少の原因がＥＶシフトとＡＩシフトによるものだと捉えれば、この先の未来は暗澹《あんたん》たるものに見えてきます。中国での２０２３年上期の新車販売に占める新エネ車（主にＥＶ車だが、一部プラグインハイブリッド車と水素車を含む）の比率は28％です。

中国政府は２０３５年に国内を走る車に占める新エネ車の比率が50％に到達することを目標にしていますが、新車販売数に限定していえば、この50％は２０２５年にも達成されそうな勢いです。

多数の部品メーカーとのすり合わせが発生するガソリン車と違い、ＥＶ車と新興メーカーという組み合わせは、ＳＤＶ化には都合がいい組み合わせです。中でも、ＳＤＶの仕組みを内製せずにエヌビディアから購入している新興中国メーカーのＮＩＯや小鵬《シャオペン》汽車ではＢＹＤ以上にＳＤＶ化が進んでいるようです。

中国電気自動車（EV）大手・比亜迪（BYD）の「DOLPHIN（ドルフィン）」
［写真提供：時事］

シャープの親会社の鴻海精密工業《ホンハイせいみつこうぎょう》は現在、日本企業１００社に声をかけてＥＶ開発共同体ＭＩＨを組織しています。このＭＩＨは車づくりのスマホ化を掲げていて、水平分業の部品供給でＥＶが発売できるプラットフォーム完成を目指しています。鴻海自身は、ＯＳを供給することで車業界の中のアンドロイドのポジションを目指しているようです。その初代のコンセプトカーも２０２５年には日本で発売される計画です。

世界でこういった動きがあるにもかかわらずトヨタは、当面中国市場に自前のＳＤＶを投入できそうにありません。中国のＢＹＤと共同開発したｂＺ３はそこそこ売れるかもしれませんが、この先、２０２６年までの２年間でＢＹＤ製のトヨタ車しか売れないという事態は、トヨタにとっては屈辱的な状況ではないでしょうか。

この状況は欧州市場でも同じで、アメリカ市場でもカリフォルニア州など、脱炭素が進んでいる市場では同じことが起きています。

ガソリン車を含めた市場全体では売る商品がたくさんあって、それなりにシェアを維持して利益を上げられるのですが、世界中の成長市場においては、シェア数が一桁％までしかいかない状態が続くリスクがあります。その間に機械産業である自動車業界は衰退し、電気製品としての新しい自動車産業が勢力を伸ばしていくことになります。これが、トヨタの経営陣が大いに頭を悩ませている危機の正体です。

日本がEV化に踏み切れなかった「3つの理由」

さて、日本車メーカーが現在直面している最大の危機は自動車のＳＤＶ化、言い換えるとＡＩ化の波に乗り遅れたことです。そして、ＡＩ化に乗り遅れたそもそもの原因はＡＩ化とワンセットとなりうるはずのＥＶ化に消極的だったからでした。

日本がＥＶ化に消極的だった理由は３つあります。

①日本車がよく売れていた市場は日本、北米、東南アジアだったのに対し、EV化が進んでいたのは欧州、中国だったこと。地理的に日本車が弱い市場でEVが拡大したため、危機感の共有が遅れた

②EV車は性能が低いのに価格が高いうえに、充電に時間がかかるなど欠点が多いことから、日本では官民ともに、EV車は売れないと思っていた

③トヨタはHV技術において世界より先行していたので、EVが立ち上がった後でも短期間で追随可能だと思っていた

以上、3つの理由から2024年時点で日本車メーカーはやや絶望的に見えるほどEV車市場での存在感を失ってしまったのでした。

1つ目の理由は、今から振り返れば国家単位の判断ミスと言えるほどの大失敗でした。地球温暖化阻止のためのカーボンニュートラル政策は欧州主導で進められ、それに産油国であるアメリカが賛同したり離脱したりを繰り返すような構図で進んでいました。

日本はアメリカ寄りであるがゆえに、この構図の中で「EV化は日本の自動車産業を弱体化させるための欧州の陰謀だ」という論調が日本国内で広まっていました。この風潮については、日本の自動車産業のロビイストたちに少なからずの責任があると私は考えま

す。

日本にとっての計算違いは、この欧州の政策に中国が本腰でのってきたことです。背景には２０１０年代を通じて北京などの大都市で深刻な大気汚染が進んでいたことがあります。

中国はこの時期、来《きた》る地球温暖化にともなう北部の渇水を防ぐために、南水北調《なんすいほくちょう》という、長江の水を北京まで現代的な運河で運ぶ巨大プロジェクトを進めていました。政権は建国１００周年の２０４９年に中国が世界一の国家になる、という目標を据えていたため、長期的な視野で政策を判断する考えが根付いていたのです。

欧州と中国はどちらも、根本の部分ではCO_2問題は地球存亡をかけた重大な課題だと捉えています。一方で日本の自動車業界はそれを欧州による競争力のルール変更だと矮小化して捉えていたのです。

「ＥＶといっても、結局はＬＮＧ（液化天然ガス）をガンガン燃やすことで電気をつくっているのだからエコになるはずがない。まずはエネルギー政策が先だよ」

といった形で論点をズラすことも日常茶飯事でした。

実際、欧州では電力のグリーン化と自動車のＥＶ化が同時並行で進められていて、ＥＶ

車はカーボンニュートラルに向けた主要政策として国民にも浸透し、結果として新車販売に占めるＥＶ車の比率が２０２０年代に入って急速に高まるという、日本の想定とは違った形で世界の潮流が定着していってしまったのです。

未体験の走りを誇る「ＢＭＷのＥＶ車」

判断ミスという観点で、特に日本車メーカーが見誤ったのは２つ目の理由でしょう。日本の技術者たちは、ＥＶ車は性能が悪いから消費者に支持されないと考えていましたが、ドイツの技術者たちは、それとは正反対の考えを持っていたようです。

これは私がドイツの関係者と会話をするたびに感じることです。

トヨタの関係者はよく「車屋」や「走り屋」という言葉を好んで使います。車の本質が走りにあるとすれば、自動車メーカーが開発するガソリン車がその頂点にあるという考えがあるのです。

一方で、ドイツの「走り屋」と言えば何といってもＢＭＷが挙げられます。そのＢＭＷの関係者によれば、走りを重視するハイエンドユーザーはＢＭＷのＥＶに一度乗ると、もうガソリン車には戻れない、と皆が口を揃えて話すと言います。

ＢＭＷのＥＶ車は、アクセルを踏み込むと強力なトルク（ドライブ・シャフトにかかる力）で極めて短い時間で最高速度に達します。そしてＥＶ車独自のその加速性能に加え、重たいバッテリーが生み出す低重心化による走行安定性が、未だかつて体験したことがないほどの抜群のハンドリング性能につながり、至高の高速走行体験が楽しめるのだというのです。

現在、ＥＵは脱炭素のルールを少し変更して、２０３５年以降もガソリンを合成燃料に変えたエンジン車を製造していく方向へとシフトしています。このことから、

「ＥＵはやっぱり車の完全ＥＶ化は無理だと判断したんじゃないのか？　ヨーロッパでもガソリン車は普通に生き残れそうだよ」

と考える人もいるようですが、実は業界関係者の中に、この合成燃料に関するニュースをそのような意味で捉えているひとはいません。

ではなぜ、ＥＵはガソリン車を残す方向性にシフトしたのか。それは、市場の主流ではない２つの界隈《かいわい》にガソリン車を残してほしいというひとたちがいるからです。１つはモータースポーツ界隈で、もう１つが超富裕層のスポーツカー愛好家界隈です。

今、私たち日本人はガソリン代の高騰化に苦しんでいます。それがガソリンから合成燃料にシフトすれば当然、燃料費はさらに上がります。それだったら経済的な理由からも、燃費のいいＥＶ車にすればいいじゃないかと考えているのが、ＥＶ車市場の考え方の主流です。

一方で、趣味としてスーパーカーを所有するひとたちと、スポーツとしてＦ１チームに命をかけるひとたちはこれとは違った考えを持っています。たとえ、車を走らせるためのガソリンが今まで以上に高騰したとしても、モーターカーを残していきたいと切に願っているのです。そしてそれは脱炭素を目指すＥＵにとって、CO_2排出量の誤差範囲内に収まるほどの小さな２つの界隈なので、それを認めているというだけのことです。

ネックは「コスト高」

さて、先ほどの「日本がＥＶ化に消極的だった理由」の２つ目として挙げていた、「ＥＶ車はコスト高、価格高だから普及しないだろう」という考えは、日本が情勢を大きく見誤ってしまった罠《わな》となりました。

確かにＥＶ車をガソリン車と同じ性能にするためには、電池のコストがボトルネックになってしまい、本体価格がどうしても高くなります。そこで各国とも補助金を出すことで、ＥＶ車の普及を促しました。

先ほども少し触れたように私は昨年、ガソリン車であるスバルの「レヴォーグ」からテスラの「モデルＹ」というＥＶ車に買い替えました。あくまで消費者としての感覚を申し上げると、この２台の車の車格は同じレベルです。私が乗っていたレヴォーグはＳＴＩスポーツというグレードの走りがウリのＳＵＶで、本体価格は約３９０万円とそれなりに高価な車でした。

一方で買い替えたモデルＹはテスラのいわゆるエントリーモデルのＳＵＶで、価格は約５７０万円です。特にバッテリーのコストが高いことがボトルネックとなっていて、ガソリン車よりも２００万円ほど高額になっています。

もちろんこれから先、電池業界にもさまざまなイノベーションが起きてくるので、バッテリーのコストは徐々に下がっていくでしょう。経産省は、２０３０年には電池の製造原価を現在の３分の２にまで下げるという目標を置いています。

現在、ＥＶ車に占める電池コストは全体の３分の１と言われていますから、その価格が

3分の2に下がれば、EV車の全体コストは2030年には単純計算で11%は下がることになります。仮に価格が11%下がったとしても、それでもモデルYの売価が500万円になる程度ですから、やはりEV車は値が張ります。量産化が進む将来でも、EV車はガソリン車よりもコスト高なのは間違いないでしょう。

EV車を買うなら今が一番お買い得?

ただ、今EV車を購入している人は補助金の給付と税金の免除があるので、この差を埋めることができます。私は東京都民なので、EV車を購入すると国と東京都からもらえる補助金を合わせて110万円を補助してもらえました。それだけで実質460万円でモデルYが手に入ったことになります。

それに加えてEV車の場合、取得の際にかかる税金や毎年かかる自動車税、車検のときにかかる重量税のかなりの部分が免除されます。6年所有すると概算で60万円は税金を節約できることになります。それも差し引いて計算すると、私のモデルYの実質価格は約400万円。この段階でガソリン車のスバルレヴォーグとの価格差はほぼほぼ埋まってしまうのです。

さらにＥＶ車はガソリン車ほどの長距離走行はできませんが、それでも燃費がとてもいいのが特徴です。先日、東京から名古屋までドライブした際、途中にある浜松ＳＡのスーパーチャージャーで充電しました。２３７㎞の距離を走ったうえでほぼ１００％に充電したのですが、そのときテスラに払った電気代は２００８円でした。これをガソリン代に換算すると、リッター約22㎞の燃費で走ってくれたことになります。

そして実はテスラのスーパーチャージャーではなく、自宅で充電すると電気代はもっと安くなります。私はいつも自宅で、１００Ｖの普通の電源から電力会社の深夜料金で充電をしています。すると電気代はスーパーチャージャーの３分の１の価格になります。これを適用すれば、自宅から浜松までの行きの燃費はガソリン換算ならリッター66㎞になるのです。

ガソリンにはリッターあたり53・８円のガソリン税がかかっていますので、このガソリン税がなければテスラのスーパーチャージャーの電気料金と、ガソリンスタンドのガソリン料金を比較してみると、燃費的には大差なくなります。

このガソリン税は、道路整備の財源として徴収されています。自動車税や重量税も目的は同じです。そこで、道路のことを考えるとＥＶ車が普及する未来では、補助金の給付や税金の免除でコスト差のメリットを埋めるわけにはいかないことがわかります。

結局、道路を維持するための税金を念頭におけば、未来のＥＶ車も購入時の補助金はなくなると思われますし、自動車税や重量税の課税対象にもなるでしょうし、ＥＶの電気代にはガソリン税に代わる新たな税金がかけられるでしょう。

そしてそうなると話が元に戻って、ＥＶ車の製造コストはガソリン車よりもずいぶん高くなります。ＥＶ車とガソリン車との間にあるコスト差がこの先、補助金財源が枯渇する未来における販売の大問題となるでしょう。

自動車保険業界が消失することも

ここで「ＥＶは本質的にコスト高、価格高だ」という論点に立ち戻ってみると、２つのまったく違う議論が展開できます。日本は官民ともに「ＥＶはコスト高、価格高だから本格的な普及は無理筋である」というロジックに飛びついていたのですが、テスラは同じ前提から違うロジックを展開していたのです。

テスラが考えていたことは「ＥＶはコスト高、価格高だから、ガソリン車と競争するためにはプリンタやゲーム機の売り方と同じように、購入後の追加コンテンツで儲けられるような、ビジネスモデルをつくる必要がある」というロジックです。

プリンタは高い本体をほとんど原価そのもので販売して、後からインクカートリッジを高く売ることで儲けています。ＰＳ５のようなゲーム機本体も同じで、非常に高コストのハードウェアを利益が出ない価格で販売し、その後のゲームソフトで儲けています。ジレットの髭剃りも同じで、カートリッジの価格が高く設定されているので、会社はそこで儲けを出しています。

テスラの場合も同じです。これまで自動車業界は自動車本体の販売と整備、保険で儲けてきました。ところがＥＶ車は本体コストが高いので、ガソリン車と同じような価格体で売っても儲かりません。またガソリン車のように、部品を頻繁に交換する必要がありません。

テスラの場合、減速はアクセルを緩めることでできる回生ブレーキが搭載されているため、ブレーキペダルを踏むことがほとんどなく、ブレーキパッドが減らないのです。当然ですが、オイル交換やエンジン整備は発生しません。結局、部品交換で儲けることも難しいのです。

さらにこれはＥＶ車ではなく、ＡＩ車に関連することですが、この先、自動運転技術が進めば進むほど事故が減るので、保険料は安くなっていきます。最終的には自動車保険という業界そのものが消滅すると私は予測しています。要するに、自動車業界全体でビジネスモデルが販売からアフター（サービス）へと変わらざるをえないのです。

イーロン・マスクが考える「3段階のビジネスモデル」

そこでイーロン・マスクはシンプルな結論に到達します。「たとえ本体で利益が出せなくても、他の部分で儲けを出せばいいのだ」というわけです。具体的にはソフトウェアのサブスクと電力販売、そして当面のところは温暖化ガスの排出権取引がテスラの収益源となります。

実はテスラのビジネスモデルは３段階で進化しています。第１段階は創業当初で、主に富裕層に向けて高価なＥＶ車を販売することで、ハードウェアから利益を得るビジネスモデルでした。

第２段階が現在で、徹底的に生産コストを下げることで政府からの補助金や優遇税制、排出権からの利益なども加わった本体販売から利益が上がるようにすることです。

ちなみにテスラの排出権収入は２０２３年上期時点で売上の２％を占めていて、車１台あたり13万円分の収入となっています。テスラは値下げ攻勢を行った２０２３年時点でもこの排出権収入を含めた売上に対して17％の粗利率を誇っていて、西側の大手自動車会社では唯一、ＥＶ車の販売で営業利益を稼ぎ出しています。

しかしこの先は中国との競争でそれも難しくなります。近い将来、本格的にＥＶ車が普及する第３段階では、各国政府が補助金を減らさざるをえません。排出権も競合他社のＥＶ車比率が上がるたびに縮小していくでしょう。

その世界では逆に、本体販売からは利益を出さないことで価格競争を仕掛け、圧倒的なシェア獲得を目指すビジネスモデルが要《かなめ》となります。アップルで言えば、iPhone本体からの利益よりもアップストアからのアプリやサブスクの利益を重視するのと同じアイデアです。

近い将来、テスラは本体価格をさらに下げて、損益かつかつの価格帯で勝負をかけるようになるでしょう。トヨタやＶＷ、ＢＭＷやフォードなど、西側のライバルはそのコスト競争についていくことができません。結果としてテスラが自動車業界最大シェアの会社になる。そういった未来をイーロン・マスクは想定した戦略を採るはずです。

その時代には、テスラには2つの高収益な収益源が生まれているでしょう。1つはソフトウェアの値上げです。マイクロソフトのオフィスが以前のような売り切りではなく、サブスク料金に移行したのと同様に、テスラの自動運転のソフトウェアも近い将来、販売時の売り切りではなく月額の使用料を取るように制度変更されていくでしょう。

そしてそうなると当然、価格設定はテスラの思うままになります。今、テスラは北米で一部のユーザーから自動運転ソフトを月額3万円程度で販売していますが、仮にそのテスラ車を運転するために必要なソフトウェア料金が段階的に値上げされたとして、月額5万円、年間60万円だと言われても、高いなと思うだけで払わないわけにはいきません。これが1つ目のテスラの安定的な収益源です。

そして2つ目の収益源が、全世界に張り巡らせた充電拠点であるスーパーチャージャー網が生み出す利益です。今のガソリンスタンドと同じように、EV化の時代には全世界の充電拠点が生み出す電力販売収入がEV車メーカーの重要な収益源となります。

テスラにとって幸いなことに、少なくともアメリカ市場ではテスラ方式の優れた給電方式が市場のデファクトになりつつあります。この「優れた」という点が重要で、実はＥＶ車ユーザーから見ると便利な場所に多数普及していて、尚且つ充電時間も短いテスラのスーパーチャージャー網は大変便利なのです。

そしてこの技術的ないしはビジネス展開的な競争力を武器に、ＥＶ車普及の初期段階で給電網を抑えてしまうことで、テスラはＥＶ車本体からの利益が出なくなってしまったとしても、将来多岐にわたって、電力会社として巨額な利益を享受することができるのです。

ここまでの戦略を描きながら、着々とＥＶ車市場での地歩を固めているテスラ。それに対応しながら世界シェアを急拡大している中国勢。この２大勢力を目の前にすれば、トヨタでなくても危機感が最大レベルになるのは当然のことではないでしょうか。

なぜトヨタは他国に追いつけないのか

さて、日本が考えてきた「ＥＶは無理筋で普及しないだろう」という誤算には、そもそも地球温暖化を甘く見てきたツケという話があるのですが、その論点は割愛することにして、ここでは3番目の理由であるなぜ「技術で後追いできる」と油断していたのかについての話を進めていきたいと思います。

私のもともとの本業は大企業の戦略コンサルタントです。なので、競争戦略の観点からこの現象を説明すると、技術が競争優位の最大要因となっている間は追随できるが、業界の競争優位が技術以外のものに移ってしまうと、追随は難しくなってしまうのです。

実際、すでにＥＶ車市場はＳＤＶ車市場へと進化を遂げつつあり、結果として競争優位のシフトが始まっています。具体的には電池などの資源獲得競争、生産設備や設計要素によるコストの優位性競争、ＡＩ性能が左右する自動運転技術の優位性競争、スーパーチャージャーやＳＤＶのようなネットワークの外部性の優位性競争など、２０２０年代のＥＶ車を取り巻く競争は、ＥＶ車そのものの技術から大きくシフトしています。

２０１０年代初期は、ことＥＶ技術に関して言えばトヨタが抜きん出ていて、日本が世界をリードする立場にありました。ＥＶ技術という視点で言えば、当時の市場はハイブリッドカーがメインでした。そのため、最も重要な電池の分野でも日本勢が世界シェアのほぼ3分の2を占めていました。

具体的にはパナソニック、ＡＥＳＣ（オートモーティブ・エナジー・サプライ）、ＧＳ

ユアサの3社で、世界の電池市場の64％のシェアを持っていたのです。ところが直近で見ると中国のＣＡＴＬが39％のシェア、韓国のＬＧが18％のシェアと、海外メーカーが電池市場を席捲するようになり、日本勢ではパナソニックが12％のシェアに踏みとどまるも、全体的には中国勢と韓国勢に市場を占められてしまう事態になりました。

ちなみに以前、日本勢2位だったＡＥＳＣは日産から中国企業に売却され、現在は中国メーカーとして再建中です。

このシェア逆転の理由はＥＶ化にあります。当たり前の話ですが、ＥＶ車はハイブリッド車の10倍の電池量を搭載しているので、ＥＶ車に注力する国の方が電池のシェアを伸ばすことができるのです。

「トヨタが全固体電池の開発で一歩先んじたので、それで競争地図はまた描き変わるんじゃないのか？」

という希望もあるかもしれません。トヨタが発表した全固体電池は、従来のリチウムイオン電池と異なり、10分で急速充電できるので、業界の競争地図を再度塗り替える可能性があります。

それをトヨタは「２０２７年には市場投入したい」と言っていますが、専門家の多くは

2030年までに全固体電池が普及するイメージはないと断言しています。というのも、全固体電池にはトヨタが発表した技術以外にも、乗り越えなければならない技術的な課題がまだまだたくさんあるからです。

全固体電池の難点は3つあって、固体電解質素材のイオンが動きにくかったこと、充電・放電をしているうちに電極が膨張収縮するせいで、電極と固体電解質との間に亀裂が入って使えなくなる欠点があったこと、硫化水素の発生リスクがあったことです。

業界の未来を変える大きな技術であることには違いないのですが、時間軸で捉えると、3年後の逆転の武器として期待するのは早計だと考えます。

テスラの生産スピードが劇的にアップしたワケ

さて、SDV車市場では競争優位性が技術から多様な要素へと広がっています。その中でテスラが持つ生産コスト面の優位性には実はAIが大きく関わっています。

テスラの主力車種である「モデル3」と「モデルY」は、その生産コストが業界の中でも群を抜いて低いことで知られています。

日本の自動車メーカーでは、競争相手の車を購入して分解し、分析をする、ということをもう何十年も行っています。あるメーカーの方から聞いたのですが、モデル3を分解し、そこから推定されるコストの低さにそのメーカーの方は驚愕していたそうです。

ガソリン車とは違って部品点数が少ないＥＶ車は、電池などの部品原価が高くても、組み立てに関わるコストは下げやすいという特徴がありますが、テスラはそこからまた一段ギアを上げ、さらに低コストで製造できるような車の設計と、製造ラインの設計に工夫を凝《こ》らしているのです。

よく知られている工夫の1つとして、ギガキャストと呼ばれるテスラ独自の巨大な金型を用いた製造方法があります。これは、車のボディを作るプレスの行程を、一度のプレスで完了させてしまうという、大変便利な製造方法です。

さらに、話題になった『イーロン・マスク』（ウォルター・アイザックソン著、井口耕二訳、文藝春秋）の公式伝記には、２０１８年にイーロン・マスクがテスラの工場に泊まり込んで、生産工程のスピードアップに取り組んだ状況が描かれていました。

当時、テスラには週２０００台だった車の生産能力を５０００台にまで上げなければならないという絶対的な目標がありました。この目標を達成するため、マスク氏は組み立て工場のラインのスピードアップに取り組んだのです。

この本を読むと、マスク氏が行ったことはトヨタ方式そのものであるということに気がつきます。生産ラインの中に潜んでいる遅れの原因を発見しては、その工程を「カイゼン」させていくのです。

たとえばボルトを締めるロボットアームの動きが遅いことに気がついたら、まずはその原因を探ります。ロボットはボルトを2回、逆回転させたうえで、上限スピードの20％の速度でゆっくりと締めていました。そこでマスク氏は、即座にコードを書き換えさせました。逆回転の工程を省いて、そのままボルトを締めさせるようなコード指示を出したのです。

しかしモノづくりに詳しい方によると、このカイゼンにより確かにラインのスピードを向上させることには成功していますが、それと同時に、新たなリスクが生じてしまったそうです。

そもそも、ボルトを低速で2回、逆回転させる工程にはちゃんと意味がありました。ボルトを締結するには、ネジの溝をしっかりと合わせないといけないため、ボルトを低速度で2回、逆回転させることで雄ネジの姿勢を正し、ミスなくボルトが締められるようにな

テスラのCEO:イーロン・マスク氏
[写真提供:Avalon/時事通信フォト]

っていたのです。この工程を省いたとしてもボルトが締まらないことはないのですが、エンジニアとしては、ボルトがちゃんと締まらない、というミスを未然に防ぎたい気持ちの方が圧倒的に強かったのでしょう。

もちろん、マスク氏もそのリスクについて、ちゃんとわかっています。

「自分の判断の２割は後から間違いだとわかるが、こうして改善していかなければわれわれは死んでしまう」

というのがマスク氏の主張です。実はこの２０１８年は、実際にテスラが倒産危機にあった時期で、週５０００台を生産するという目標を達成できなければ投資家から見捨てられ、消えゆく運命にあったのです。マスク氏が工場に泊まり込んで、即断即決の改善を繰り返したことにより、この危機を見事に突破したのです。

AIによる「トヨタ式のカイゼン」を実現

そんな2018年のテスラの状況を聞くと、日本のメーカーとテスラはよく似た考えを持っているな、と感じることと思います。ところが、テスラのモノづくりの現場はここからAIの力により日本のメーカーを遥かに超える速度で成長していきます。

その後、テスラは生産性を向上させたギガファクトリーを、サイバー空間上にもう1つ建設したのです。これをITの用語でデジタルツインと言います。デジタルツインを構築し、工場ラインの生産性をAIに学習させると、トヨタ式のカイゼンは人間からAIに主役をシフトさせることができます。

今、どの工程が、生産スピードの中でボトルネックになっているのか、そしてそこを改善すると、生産スピードがどの程度変わるのか、現場でなくてもシミュレーションできるようになるのです。

このデジタルツインの最大の効力は、新工場建設の際に発揮されます。テスラの販売台数は、２０１７年には10万台でしたが、前述した２０１８年の改善により25万台にまで飛躍しました。それが２０２２年には１３０万台に増え、２０２３年には推定で、１８０万台が見込まれます。なぜ販売台数がここまで増えたのか、それは、ギガファクトリーの数が増加したからなのです。

テスラのギガファクトリーは、２０１５年に創業を開始したネバダ州の工場が第１号で、次いで２０１７年、ニューヨーク州に第2号、２０１９年、上海で第3号のギガファクトリーが生産を始めました。さらに２０２２年にはベルリンとテキサスにも開所し、現在はメキシコで新たなギガファクトリーを建設しています。ちなみに、現在日本で販売されているテスラ車は上海のギガファクトリーで作られたものになります。

自動車会社の方ならわかるかと思いますが、巨大工場をこのスピードで開設していくというのは、かつての常識では考えられないことです。テスラがこれを実現できたのは、デジタルツインの存在があったからです。デジタルツインによって実際に工場を建設する前に各施策を新しく建設する工場のリアルへと落とし込めるため、土地取得後の設計から建設、機械やラインの設置までのスピードがギガで進んでいくからです。

この先、テスラが発表するとされているモデル3の後継にあたる小型車（おそらくそれはモデル2と呼ばれるのではないかと言われています）は、これまでのEV車の半分のコストで製造できるよう設計され、2025年に新しく開設される予定のメキシコの工場で、その生産が始まるとされています。

これはSDV車の真骨頂《しんこっちょう》ともいうべき特徴の1つで、モデル3のこれまでの工場生産におけるビッグデータと、現在世界中で走っている100万台以上のモデル3の走行データや修理データを吸い上げることができるので、それらの膨大なデータを、次世代車の設計に活かすことができるのです。

これまでのテスラの車づくりを振り返ってもう一度「トヨタ対テスラ」の戦いを考えてみると、もはやこれは、「人間の頭脳対AI」の戦いに土俵が移り始めているといっても過言ではないでしょう。

自動車業界の消滅が先か、仕事消滅が先か？

話を広義の自動車業界に広げてみましょう。

第3章でお話ししたとおり、自動車業界では今のところ、予測されていたような仕事消滅が起きていません。２０２４年頃にはトラックドライバーやタクシードライバーなど、約２１６万人分の雇用がＡＩによる自動運転技術の登場で消滅の危機を迎えると予測していたのですが、その予測は技術進化の遅れで5年単位で後ろ倒しになりそうです。

一方で、仕事消滅の代わりに現実味を帯びてきたのが、業界消滅です。

トヨタがＥＶシフトに乗れなかった最大の理由は、雇用の消失にあります。トヨタだけの雇用ではなく、ティア1からティア3までの幅広い分野の部品メーカーにおける雇用や、ガソリンスタンドにおける雇用、さらには自動車が機械から電気製品へと変わることで失われる販売店や整備工場における雇用など、その影響は日本全体で約２３０万人分の雇用に及びます。

予測として申し上げると、２０２４年以降、日本全体で自動車産業のＡＩ化に抗う動きが広まるでしょう。アメリカではライドシェアが無人タクシーへと進化している現実に対し、日本のタクシー業界は強く抵抗を示しています。海外でレベル4、レベル5の自動運転車が出現しても、日本ではその普及を遅らせるために、メディアがその危険性を訴えるでしょう。

これにより、日本では何が起きるのでしょうか？　それを考えるためのよい題材が歴史上にあります。それは、19世紀の産業革命当時にイギリスで発布された赤旗法です。

19世紀の半ば、産業革命が進むイギリスでは自動車の出現に懸念を抱く勢力がありました。馬車の組合です。当時、馬車の組合はイギリス議会に対して絶大な力を持っていました。そこで議会は１８６５年に赤旗法という法律を制定させたのです。その内容とは、「自動車は危険なので、ロンドンなどの市街地では時速3キロで走行しなければならない。走る際には前方を赤い旗を持った告知人が歩いて、事故を防止しなければならない」というものでした。この法律はその後30年続きます。

結果的に、馬車より遅い自動車は市民の笑い者になりました。馬車の組合は権益を守ることに成功したのですが、その大きな代償がイギリス経済の転落です。産業革命で紡織《ぼうしょく》、鉄道、汽船などの欧州経済をリードしていたイギリスは、自動車産業に関してはドイツ、フランスにこの30年のせいで大きく遅れをとることになったのです。

第4章でお話しした動きから考察すれば、アメリカのテスラはＡＩをフルに活用した超少数精鋭企業へと邁進《まいしん》しています。中国ではＢＹＤだけでなく、新興のＥＶ車メーカー数社が激しい競争を繰り広げています。

それら中国の新興メーカーの新車開発期間は、９か月にまで短縮されています。４年で開発計画表を引いている日本とはスピード感がまったく違います。

それらの超少数精鋭企業が世界を制覇するには、リカードが提唱した〝限界地〟にあたる自動車メーカーの存在が必要です。コストが高く、動きがのろい大企業が存在することにより、超少数精鋭企業は成長しながら利益を稼ぐことができるようになるからです。

２０２３年の夏、全米自動車労働組合（ＵＡＷ）はＧＭ、フォード、ステランティスのビッグスリーを相手に、賃上げ要求の長期ストライキを起こしました。ＧＭの場合、現在の時給64ドルが暫定合意どおりに引き上げられることになれば、時給は80ドル（日本円にして約１万２０００円）になります。

組合に入っていないテスラの従業員の時給は45ドルですから、この要求をのめばビッグスリーはＥＶ車競争において限界地に陥るのは確実でしょう。

こうして、超少数精鋭企業として業界をけん引するテスラや中国新興メーカーと、限界地としてそれに抗うＧＭやフォードといった対立の構図が出来上がっていくのです。

トヨタの水素戦略に期待するのは危険？

ヨーロッパではEV化を強く推進している一方で、勝ち組の中国車メーカーの中国国内での補助金問題が話題になり始めるなど、超少数精鋭企業への警戒心が高まっています。翻《ひるがえ》ってトヨタはどうなのかというと、今はまだマルチパスウェイ戦略と称するモラトリアムの状態にあります。どっちに行くかは決めていない、言い換えれば、後から決めればどちらにでも行けるという考えのようです。

「EVがすべてではない」

ということから、トヨタの水素戦略を高く買う意見もあります。事実として、日本は水素関連の特許を多く保有しているので、燃料電池車業界でトヨタは、世界の最先端を走っています。

ただよく取り違えられるのですが、水素と電気は並列の概念ではありません。水素は電気から作られますし、グリーンエネルギーのグリーン水素は、太陽光発電や風力発電から作られます。その電気エネルギーを蓄積する水素は、概念的にはEVの電池と並列的な要素です。

日本の未来にとって水素は基本的に、海外で発電したグリーンエネルギーを高いコスパで輸入するための手段の１つです。

たとえば、オーストラリアの広大な砂漠で発電した電気を日本が輸入するとします。その際、その電気を電池に充電して輸入するより、液体水素にして輸入した方が輸送時のコスパが高いのです。本当は水素をアンモニアに変換する方がもっとコスパが高いのですが、とにかく水素技術はそのような輸送のために使われている技術なのです。

日本が島国で、かつ太陽光や風力を拡充できるほどの面積がない、グリーンエネルギーの非資源国であることから、水素技術は重要な存在なのです。一方で、アメリカ、欧州、中国のような、地続きの砂漠から電気を送電できる地域では、水素車よりもＥＶ車の方が普及します。つまり「ＥＶで負けても水素で逆転できる」というシナリオは、ガラパゴスな日本列島や、それと地理的構造が近いフィリピンやインドネシアのような島国以外では通用しません。

さて、自動車メーカーに限らずこれから先、あらゆる業界で「仕事が消滅するのか、それとも業界自体が消滅するのか」といった危機的状況が経営者の頭を悩ませるでしょう。論理的には、超少数精鋭企業を目指して振り切った方が勝ち組になる可能性が高い一方で、ブルシットジョブを抱えた限界地に残った方が、大企業経営者にとっては居心地がいいのです。

やがて限界地に陥り、最後は業界が消滅するといっても、それはおそらく15～20年後の話ですから、現在、齢《よわい》60歳代の業界重鎮たちにとっては、後者の選択は意外とアリなのかもしれません。タクシー業界も、運輸業界も、ガソリンスタンド業界も、日本がＳＤＶ化に遅れに遅れたガラパゴスでいた方が、ずっと都合がいいのです。

第6章

あの日本企業が世界に⁉
生成AI家電のビジネスチャンス

家電のスマート化が変える家庭内の日常

生成ＡＩがあらゆるビジネスを変えていく未来では、当然のことながら私たちの家庭生活も大きく変わっていくと予測されます。その原動力となる要素が、家電のスマート化です。

この家電のスマート化、概念的にはかなり昔から唱えられてきています。

たとえば、冷蔵庫に人工知能が装備されることで、冷蔵庫の中に何がどれぐらい入っていて、賞味期限はいつまでなのかが家にいなくてもわかるようになる、食品ロスが減り、外出してスーパーに出かけた際の買い忘れがなくなるという未来です。

これはもうずいぶん昔から言われてきている話ではありますが、本当にそんな未来が自分の元にやってくるようには思えない、という読者の方も多いのではないでしょうか。この話、後ほど詳しく説明しますが、人工知能の発達によってこれまでの想像を超えるような形で冷蔵庫のスマート化が実現するかもしれません。

徐々に始まっている家電のスマート化として、たとえば最近では、エアコンのスマート化が挙げられます。外出中にエアコンが誤作動を起こして火事になるのではないかといった危険性から、実用化にかなり時間がかかってしまいましたが、家を出る際にエアコンや暖房を切り、帰宅したら寒いないしは暑い部屋で冷暖房のスイッチを入れるのが当たり前だった生活は、このスマート化により大きく変わりました。

また他にも、勤務先などから自宅のペットや子どもたち、遠く離れた家に住む後期高齢者の家族などの様子を見守れる遠隔カメラも実用化されてきています。しかし、実際はそれほど普及していません。なぜなら、プライバシー問題や、ハッキングの危険性をまだ解消できていないからです。

このようにスマート家電は、技術的にはすぐにでも実現できそうだと言われていましたが、心理的や法律的な理由からなかなか実現できていませんでした。ところがＡＩの進化により、その状況が一気に変化しつつあります。

10年後の皆さんの家の中は、現在からは想像できないほどの進化を遂げた空間に変わっているでしょう。この章ではその変化について詳しくお話ししていこうと思います。

そのためにも、まずは家電の歴史から話を始めさせてください。これまで家電はどのように進化してきたのか。これが整理できると、これからの家電がどう進化していくのか、未来がより深く理解できるようになるはずです。

ジェネリック家電とメーカー家電の歴史

家電業界でこの30年の間に起きた一番の大きな変化は、普及品家電と高級品家電の見分けがつかなくなったことです。

1980年代、バブル時代期の日本の家電には、普及品と高級品を見分ける4つの明確な違いがありました。

学生や新社会人でも買える安い普及品の家電は、値段こそ安いものの、品質や性能はいまいちでした。一方で、課長クラスのひとの家に置いてあるような高級家電は高品質で高性能なうえに、素材や質感にも高級感がありました。

また、製造メーカーによっても価格に差が生まれていました。サンヨーやシャープ、アイワの家電製品は安く、パナソニックやソニーの家電製品は高かった時代です。メーカーによってブランドイメージが大きく違っていました。

ところが平成に入ると、この普及品と高級品の差がどんどん縮まっていきました。現代ではジェネリック家電と呼ばれていますが、一流メーカーではない中流のメーカーが開発した家電が出現し、ドン・キホーテやホームセンターなどで格安で販売されるようになりました。そんなジェネリック家電が、一流メーカーの家電と品質も性能も遜色《そんしょく》がないレベルにまで成長できたのは、どうしてなのでしょうか。

歴史を遡《さかのぼ》ってみると、まず普及品の品質が向上しました。80年代の普及品家電はかなり低品質で、耐久性や同製品の個体差などといった問題がありました。

80年代半ばにプラザ合意による円高が起きると、日本の家電メーカーは工場をどんどん海外へと移したので、マレーシアやベトナム、インドネシアといった国々で現地生産の能力が格段に向上していきました。その結果、90年代半ばには、アジアで製造された安価な普及品家電の品質は、日本の工場で作られる高級品と遜色ないレベルにまで成長したのです。

つぎに、２０００年頃を境とした家電製品のデジタル化が起きました。テレビがアナログから地デジへと移行したことにより、どのテレビでもノイズのない放送を楽しめる時代がやってきたのです。家電のキーコンポーネントに半導体が組み込まれることによってデジタル化が実現できたのと同時に、その性能も変わらなくなるので、家電製品の性能の均質化が起きました。

これが、ジェネリック家電登場の背景事情です。東南アジアの同じ工場で、同じ液晶パネル、同じ半導体、そして同じ画像処理エンジンを組み込むと、大手メーカーと同じ品質性能の大画面液晶テレビを作ることができるのです。

今さらっと述べましたが、実は「同じ画像処理エンジン」というところにひとつ、大きな時代の皮肉があります。この時期、韓国勢や中国勢の台頭に押されて、大画面テレビの世界ではシャープや東芝など日本の大手メーカーがつぎつぎとアジア資本へと売られていきました。

最初にドン・キホーテで驚きの価格でジェネリックの大画面テレビが発売された当時は、この「一流メーカーと同じ画像処理エンジンを搭載している」という点が、消費者視点で一番の驚きでした。

旧日本メーカーがアジア資本となったことにより、経営判断が180度変わったので、競争のカギとなっていたはずの画像処理エンジンを、簡単に他社に供与するようになったのです。それをやってしまえば、ジェネリック家電がメーカー品と同じ性能になるのは当然だな、と時代の変化を感じ取りながら納得したものです。

こうして、２０１０年代はジェネリック家電が躍進する時代となりました。もちろん消費者のブランド志向には一定の力があるので、ソニーやパナソニック、日立、アジア資本となって復活した東芝やシャープといった伝統ブランドの家電もそれなりの売れ行きがキープできています。

一方で、物心ついた頃にはジェネリック家電に慣れ親しんでいたZ世代は、ジェネリック家電に対してそれほど大きな偏見を持っていません。パソコンやスマホの周辺機器に使われるＨＤＤやＳＤＤ、マウスやライトニングケーブルなどは、ブランドによる品質差などないことをよく知っています。メーカー家電は普及品を中心にこの30年間、徐々に競争力を削がれてきているのです。

家電を「タイパ」で選ぶ時代

さて、アジア各国の工場の生産品質が向上し、デジタル化で性能差も埋まってしまったことで、高級家電は残る「機能」の差で生き残りをかけるようになりました。

アフターコロナで経済が賑わい始めた２０２３年上半期、白物家電の明暗を分ける、ある数字が話題になりました。２０２３年6月の販売データを見てみると、白物家電全体では前年同月比で３・１％増と家電販売が好転していたのですが、品目によって状況が違っていたのです。

好調だったのは洗濯機とヘアドライヤーでした。洗濯機では特にドラム型洗濯機がよく売れていたといいます。これはZ世代が最も重視するタイパ需要が引き起こした現象で、ドラム型洗濯機は25万円前後と値は張りますが、干す手間がないという点から、若い消費者が好んで選んだのです。ちょうど半導体不足も解消した時期にあたったことで、カテゴリーの売上は前年比で約42％増となりました。

同じくヘアドライヤーが好調だった理由は、パナソニックのナノイーなどの高機能ドライヤーが市場をけん引したからです。高額なドライヤーが売れる理由は、美しくなるためのコストはプライスレスということでしょう。カテゴリー売上は26％増となりました。

一方で、「機能面」での大きなイノベーションが起きていない白物家電ジャンルでは、アフターコロナ特需でも販売は冴えませんでした。冷蔵庫は３・６％減、エアコンは１・４％減といった具合です。

この機能差による明暗は、新しい家電ブランドの興隆にもその様子が見て取れます。サイクロン方式などの新機能をいち早く取り入れたダイソンの掃除機や扇風機、地雷探知機の軍事ＡＩ技術を転用することで、他社の追随を許さないロボット掃除機のルンバ、日本勢ではごくごく少量の水を加えて焼き上げることで、トーストの香りと味をより引き出すバルミューダのトースターなど、機能を武器にカテゴリーで売上を伸ばす新興家電メーカーが増えているのです。

他が追従できない高級家電の「機能差」

私の自宅では、実は高級品の家電が増加しています。経済を知り尽くしている関係で、私はいわゆるコスパには相当うるさく、実際パソコンまわりや日用品ではブランド品よりもジェネリックやＰＢ製品を購入することが多いのですが、白物家電だけは、あえて高級品を選んでいるのです。

なぜ普及品でも品質や性能は変わらないのにワンランク高いものを買ったのか、私なりに考えた理由を並べてみると、今、高級家電の世界でどのような戦いが繰り広げられているのかがわかります。

冷蔵庫の場合は、自動製氷機能がついているという点で今の冷蔵庫を選びました。ドラム型洗濯機では「風アイロン」という、乾燥中にしわを伸ばしてくれる機能を重視しました。トイレも自動でふたが開くタイプの温水洗浄便座を使っています。なんてことのない機能ですが、歳を重ねると意外とこういう便利な機能が大切になってくるのです。

最近わが家のキッチンで存在感を増しているのは、シャープの自動調理器です。これはかき混ぜる機能もついている便利品で、たとえばカレーライスの調理を最初から最後まで自動で全部、つまり玉ねぎも肉もカレールーもぶち込んでおくだけで、ちゃんとかき混ぜながらカレーを完成させてくれる優れものなのです。

これらの、高級家電についている便利な機能には共通点があります。それはハードウェアによる機能だという点です。自動製氷機も風アイロンも自動開閉もかきまぜ機能もみな、ハードウェアの部品によってその差異化が実現できています。非常に高く売れるナノ微粒子で水分を髪の毛の内側へ供給するヘアドライヤーも同じように、ハードウェアによる機能の追加コンテンツです。

これらの機能差は、ジェネリック家電メーカーが安価で真似することはできないので、多少値が張ったとしても、高機能家電は高い値段でたくさん売れるのです。これにより、市場の「対前年比売上」の数字が伸びたのです。

ただ実はこの機能差を実現する技術には、もう1つ別の違った要素もあります。それは、家電のスマート化という概念です。

ここで話はようやく冒頭の話題に戻ります。私たちの家電は人工知能の進化が引き起こすスマート化によって、これからの10年で思いもしないような大変化を引き起こすことになるのです。

スマート家電に囲まれた快適生活

スマートフォンやスマートスピーカー、スマートリモコンを使うと、外部コントロールにより、家電の機能を向上させることができます。このことをこの章では、家電のスマート化と呼んでいきます。

ふたたび私の自宅の話をします。私の家のリビングルームは、日没の時刻になると自動で竹細工の行灯《あんどん》が点灯します。それを見て私は「ああ、日が暮れたか」と気づくのです。これは行灯の根本に設置したスマートコンセントによって実現した機能です。

スマートコンセントはスマホでON／OFF時間を設定できます。点灯を「日没時刻」と設定しておけば、３６５日、それぞれの東京の日没時刻を何かで調べて、その時間になったら行灯を点《つ》けてくれるのです。消灯は毎日0時30分に設定してあるので、行灯の灯《あかり》がすっと消えたら「もう寝る時間だな」と気づいて仕事を切り上げることにしています。

実はこの行灯、夜、アメリカ市場が開く直前にも一度スイッチが切れるように設定してあります。行灯が消えると私はパソコンの前に座ってアメリカの金融市場の数字をチェックする、という日課があります。

家電と言っていいかどうかわかりませんが、私の愛車であるテスラ・モデルYもスマホで出発時間を設定できます。この機能、真夏の酷暑の時間帯には特に助かっています。たとえば午前11時に出発すると設定しておくと、出発時間の数分前から自動でカーエアコンの電源をONにしてくれるので、実際に私が車に乗り込む頃には、車内の室温が快適な温度になっているのです。

この設定はもちろん帰りも同じで、取引先の駐車場で真夏の太陽をもろにうけて室温が50℃まで上がっていたとしても、打ち合わせが終わる時刻をセットしておけば、車に戻る頃には快適な室温になっています。ただこの機能、結構電気代を喰う（つまり走行可能距

キングジムの、複数の家電を操作できるスマートリモコン「エッグ」
[写真提供：時事]

離が減る）という若干の欠点がありますが。

格安家電を高級家電と同スペックにする方法

このように家電は、スマートフォンやスマートスピーカーを使って外部アプリからコントロールすることで、最初はついていなかった機能を、後から追加することができます。自動車の世界で起きているＳＤＶ化の動きと同じで、家電も後付けのスマート機能によって、機能を向上させることができるのです。

たとえばどんなに安いジェネリックのテレビにも、リモコンからの指示を受信する赤外線装置がついています。そのため、最初から付属しているリモコンと同じ赤外線を出すスマートリモコンを購入すれば、安価で高機能を追加することができます。

グーグルやアマゾンが発売しているスマートスピーカーもこの原理を使っています。スピーカーに向かって「テレビをつけて」と指示すると、インターネット経由でスマートリモコンがテレビの電源をＯＮにするための赤外線信号を送信することで、テレビがつきます。

今は特定のスマートスピーカーやスマートリモコンに対応した、特定のメーカーのテレビでしか使えない機能かもしれませんが、概念的には赤外線リモコンでコントロールできる家電はすべてこれと同じ原理で外部から操作をすることができるのです。

これにより、他の家電製品はどのように機能が向上していくのか考えてみましょう。

テレビの場合はイメージしやすいと思います。あらかじめスマホで番組表にチェックをいれておけば、その時間がくるとテレビがついたり、チャンネルが自動で変わったりすることは、機能的にいえば可能です。自宅でぼーっとしていたら、何かに没頭しているうちに、お目当てだった日本代表の試合や音楽番組を見逃したりといった悔しい失敗も、テレビをスマホでスマート化すれば、もう二度と経験しなくてよくなるのです。

ＡＩアプリを使えば安物ロボット掃除機をアップデートできる

概念的にいえば、お掃除ロボットの普及品も、スマート化させることができます。ルンバのような高機能はついていない、ただランダムに走り回ることしかできないジェネリック製品があったとします。ただし最低限の機能として、リモコンでオンオフや方向転換が指示できて、かつ、ホームベース（基地）に対して現在地の座標が認識できるという２つの機能だけはついているとします。

そのような安物のロボット掃除機だとしても、論理的にはスマホのアプリとスマートリモコンがあれば、ルンバと同等のスマート機能を追加することができます。

最初の１週間ぐらいは、本当にランダムに室内を走行しながら掃除をしてもらいます。当然掃除できていない場所や、まだ発見できていない隣の部屋とかがあったりするはずです。でもスマホに搭載されたＡＩアプリは座標認識機能を使い、自力で走行した場所データをもとに自宅の間取りを推測することができます。

「あなたの部屋はおそらくこのような形で、このような場所に家具が配置されているのではないですか?」

と、AIが推測して仮の間取り地図を作ることは、前述した前提があればアプリの機能だけで可能になります。その間取りをあなたが見れば、きちんと掃除できていない場所や、まだロボット掃除機が発見できていない部屋があることに気づけるので、そっちも掃除するようアプリから指示を出すことができます。

「このあたりはロボット掃除機が全然掃除していない空白エリアになっている。それにここにドアがあって、そこを越えると隣にもう一部屋あるのでそっちも掃除してほしい」

このようにAIアプリに指示をすれば、翌日からAIアプリはスマートリモコンと連携し、ロボット掃除機をそれらの空白エリアに向かわせることができます。

こうして、数週間AIアプリを使い続ければ、最低限の掃除機能しか搭載していないはずの安物ロボット掃除機が、ルンバの最上級機種と遜色ないレベルまで成長することができます。ここでは、そういった商品が売っている、いないに関係なく、論理的にそれができるという話をしています。

普通の冷蔵庫もスマート冷蔵庫に「魔改造」

次に、ロボット掃除機とは別の家電製品の未来を紹介しましょう。これもあくまで概念的な話で、実現するためには、大規模なＡＩの機械学習が必要ではありますが、近い将来、メーカーが想定していない形で、普通の冷蔵庫をスマート冷蔵庫に成長させるベンチャーが登場する可能性があります。

スマート冷蔵庫とは、今、冷蔵庫に入っている在庫を把握したうえで、

「牛乳と卵が切れそうです。今日の買い物で買ってください」

「にんじんと玉ねぎがそろそろ消費期限間近ですね。今日か明日、カレーか肉じゃがを作ってはどうでしょうか？」

などのような、賢いアドバイスをしてくれる未来型の冷蔵庫のことです。

白物家電メーカーは長年、こういったスマート冷蔵庫の開発に力を入れているのですが、２０２３年時点での技術を前提にいえば、ＡＩベンチャー企業でもこの機能の開発に参入することができます。まずは概念的な説明をさせていただきます。

用意するものは、キッチンの天井に張り付けるための広角監視カメラ。冷蔵庫の斜め上の方に取り付けられたこのカメラが、インターネットを通じてクラウド上にあるＡＩとつながっている状態を想像してください。そしてこの状態が、開発段階ではボランティア（たとえばクラウドファンディングなど）で参加している数千の家庭の天井でも再現されているとします（プライバシーや個人の生活情報漏洩の問題などはすべてクリアされているとして話を続けます）。

最初にやるべきことは、画像解析を通じた機械学習です。あなたが冷蔵庫を開けるたびに、カメラはその様子を学習します。

「小さな黄色い箱が１つ、細長い四角い箱が２つ、透明な容器に入った球体のような物体が10個、冷蔵庫に入りました」

みたいなことを認識するたびに、最初のうちは、

「これはバター、これは牛乳パック、これは卵」

とＡＩに教えていくことから学習が始まるでしょう。これと同様のことを、１年かけて数千の家庭で地道に行っていくと、完璧に学習したＡＩカメラは、冷蔵庫の中身を人間並に正確に把握できるようになります。

「雪印のバターが使いかけ含めて2個、キユーピーのマヨネーズは350gのチューブが残り2割をきっています」

みたいなレベルです。冷蔵庫を開けるたびに、商品の出入りや、その回数をＡＩが学習していきます。牛乳パックを戻す手首の角度や力の入り方から、牛乳はもう残り少ないな、といった具合で残量の予測についてもＡＩは学習していくでしょう。

十分に学習が済んだら、いよいよ市販段階です。ＡＩカメラによる冷蔵庫のスマート化キットを2000円で販売してみましょう。お楽しみはここからです。

冷蔵庫の中の「データ」が大きなビジネスになる

安価なスマート冷蔵庫化キットを取り付けると、食材ロスが減って毎月数千円も家計が助かるらしい、といった話が口コミで広まっていくとどうなるでしょう？

多くのご家庭で当たり前のように、スマートカメラを冷蔵庫の斜め上の天井に、両面テープで設置するような世の中がやってきます。そうすることで、

「冷蔵庫の奥にある使いかけのみりんと豆板醤は、もう廃棄した方がいいです」とか、

「冷凍したままの豚バラ肉、そろそろ使用しないと廃棄になりますよ」

といった具合で生活が便利になっていくのですが、実は効果はそれだけではありません。

このような形で、後付けのアプリによるスマート冷蔵庫の実現を果たせたベンチャー企業は、全国の家庭における冷蔵庫内の商品シェアを把握できるようになるのです。

たとえば、マヨネーズのシェアが高いメーカーは、キユーピーなのか、味の素なのか、それともPB商品なのか、マヨネーズの種類ごとでは、カロリーハーフなのか、ゼロコレステロールなのか、はたまたオーガニックなのか、といった具合で、食材ごとにどこのメーカーのどんな商品が売れているのかが、顧客のプロファイルと紐づけしたマーケティングビッグデータとして利用できるようになります。

そうすると、それらの情報をもとに最適なクーポン配布やキャンペーンオファーができるようになるので、メーカーシェアを変えるだけの大きな情報力を持つことができます。

こうして冷蔵庫のスマート化を実現したベンチャー企業は、業界インフラとして食品メーカーを支配する立場を得られるのです。

このように機能のスマート化をすることで、普通の家電に後付けをする形で、高機能家電へと成長させることができるのですが、ここで重要なことは、そのスマート化は家電メーカーでない企業でも引き起こすことができるということです。もう一歩踏み込んで言えば、このような分野は、ベンチャー企業ではなく、グーグルやアマゾンなどのＧＡＦＡＭの方が圧倒的に有利なので、更なる企業成長を許してしまうことになるかもしれません。

ただこの勝負、それほど単純な勝負にはならないでしょう。

ＧＡＦＡＭがスマートスピーカー業界を支配するとは限らない

近い将来、家電をスマート化させる人工知能が家庭内につぎつぎと入ってきます。最初はベンチャー企業がそれらの市場開拓を手掛けるのですが、初期段階で成功してアプリの普及拡大期が来ると、必ず資本が足りなくなります。そのため最終的にはそれらのベンチャーは大企業に買収されます。

そうやってベンチャーを買収して大きくなっていくのが、ＧＡＦＡＭと呼ばれるアメリカの巨大ＩＴ企業です。

実際、将来の家庭内を支配する存在として有力候補の1つであるスマートスピーカージャンルにおいてはＧＡＦＡＭの一角であるアマゾンとグーグルが、現時点で大きなシェアを占めています。

先ほどは話をわかりやすくするためにスマートリモコンで家電製品を操作するような説明をしましたが、近未来ではすべての普及品家電がＩｏＴ（モノのインターネット）という機能によって、直接ネットにつながるようになるでしょう。それらのＩｏＴ家電は、ＡＰＩ（ソフトウェアやＷｅｂサービスの間をつなぐインターフェース）を通じてネット経由で直接操作できるようになるので、家庭内に鎮座するスマートスピーカー1台で、家じゅうの家電が操作できるようになります。

ところが面白いことに、このＧＡＦＡＭが家庭内の家電を支配するのではないかというほぼ確定に近かった未来予測は、今回の生成ＡＩの出現によって状況が変わってきました。

結論として、私はソニーやパナソニックなどの日本企業に新たなチャンスが生まれたと認識しています。まずは順序だてて話をしていきましょう。

アマゾンが人工知能Alexaを搭載した、スマートスピーカーの「エコー」を発売したのは２０１５年でした。２０１６年にはグーグルから、「ホーム」というスマートスピーカーが発売されています（ホームは２０１９年に、「ネスト」という商品名に変更しました）。この時期に前述した2社以外でスマートスピーカーを発売し、競争に名乗りを上げたのはアップル、マイクロソフト、そしてＬＩＮＥでした。

当時、業績がＶ字回復していたソニーグループの吉田憲一郎社長（現会長）に、あるメディアが「ソニーは人工知能を手掛けないのか？」と質問したところ、もはや人工知能はソニーが投資をできる規模の市場ではないという返事が返ってきました。

実際にその後、吉田氏の言うとおりの出来事が起きました。スマートスピーカー市場はＧＡＦＡＭによる巨額投資が繰り広げられたうえで、誰も成功できないレッドオーシャンの墓場のような市場となりました。アマゾンはこのエコーだけで、1兆円を超える開発資金を無駄に使ったと推測されています。ソニーグループは当時、財務主導でようやく経営回復をしたばかりだったので、スマートスピーカーなど巨額のＡＩ投資を必要とする分野の製品を手掛けなかったのは当然という状況だったのです。

ところが２０２２年11月にオープンＡＩが、生成ＡＩのChatGPTを発表したことをきっかけに、スマートスピーカー市場が一変しました。大規模言語処理モデルで、まるで人間とやり取りをしているかのようなチャットでのやり取りを実現させた生成ＡＩが出現したことにより、スマートスピーカーの実用化が一気に視野に入ってきたのです。

実際、ChatGPT自身も2023年夏には「聞くことと話すことができるようになりました」と音声認識技術搭載による機能強化を発表しています。これらの機能はまず英語から実用化が始まるので、日本語でスムーズに会話ができるようになるまでは、しばらくタイムラグが発生するでしょう。しかし、2025年から30年にかけては間違いなく、日本語でも人間同士で交わされるような会話ができるスマートスピーカーが、私たちの家庭内に鎮座することでしょう。

オープンAIの大株主であるマイクロソフトに対抗して、アマゾンとグーグルは、オープンAIのライバル企業であるアンソロピックに投資しています。こうやってGAFAMはそれぞれが生成AIに力を入れ始めているのですが、ここにきて、必要な投資額がこれまでよりも2桁ほど下がりつつあります。

これから後追いで生成AIを育ててスマートスピーカー市場に参入しようとする場合、これまでの前提である1兆円ではなく、おそらく数百億円規模で事足りるでしょう。なぜなら、エヌビディア製のGPUの性能が上がり、イチ研究者レベルでもかつてのスパコン並みの計算能力が手に入るようになったからです。ですから、今やスマートスピーカー市

グーグル（左）とアマゾンのスマートスピーカー
［写真提供：時事］

場はソニーグループやパナソニック、東芝やシャープでも、簡単に参入できる市場になったのです。

これにより、家庭内生成ＡＩ競争は、資本規模ではない別のカギが成否を握る競争へと変わります。具体的には、スマートスピーカーにおいて別の優位性を持っているかどうかが問われる競争が始まるのです。

個々の企業特性を活かしたGAFAMの生成AIサービス

生成ＡＩで家庭支配を狙っている企業の顔触れを確認してみましょう。

まずこの先、早い段階で私たちの日常生活

に入り込んでくるのが、マイクロソフトの「コパイロット」です。コパイロットとは、副操縦士の意味で、新しいウィンドウズ11に搭載された以外に、検索エンジンのBingにも搭載される予定ですし、オフィス365にも月額30ドルの有料前提ですが搭載されることになっています。このコパイロットは、マイクロソフトが資本提携をしているオープンAIのChatGPTが製品のベースになります。

多くの人が仕事でパソコンを使う際には必ずマイクロソフトの生成AIを使うようになりますし、2030年になれば、家庭で使っているパソコンでも普通に使うことになるでしょう。それに対抗するのが、グーグルとアマゾンです。

グーグルは、グーグルカレンダーやグーグルマップなど、マイクロソフト製品とは別のジャンルのアプリで高いシェアを持っているため、やはり仕事で使うのに便利な生成AIサービスを展開できます。

グーグルが資本参加しているユニコーン企業の、アンソロピックが仕事用途でChatGPTよりも便利な生成AIを開発できれば、有料のマイクロソフトよりも、無料のグーグルがより優位なポジションを占められる可能性があるでしょう。

アマゾンはグーグルとは違い、家庭用のスマートスピーカーを主戦場に、家庭内で便利な生成ＡＩのトップを目指すでしょう。これまで伊達に１兆円を投資してきたわけではないので、家庭内スマートスピーカーを使う際の顧客ニーズは、誰よりも知っているはずです。

では他の企業はどうでしょう？　アップルは、アップルの展開するＡＩを持っていなければダサいとあなたに感じさせるようなやり方で、この戦線に本格参入してくるはずです。

興味深い存在となるのはメタです。おそらくメタは、少ない投資で参入できるようになったという競争前提の変化を大チャンスだと認識しているはずです。後から参入しても、メタの場合はあなたを知り尽くしたＡＩをあなたのために送り込むことができるという、他社にない優位性を持っています。

なにしろメタは、あなたがフェイスブックやインスタグラムで「いいね！」ボタンを押しているすべての情報を持っています。前述したように、メタはあなたが一定数の友達とつながったうえで１５０回「いいね！」ボタンを押した段階で、誰よりもあなたのことを理解するようになるそうです。

この点はXも同じです。もしメタやXが本気でスマートスピーカーを開発するとしたら、それは、単なる家電をスマート化させるための司令塔的な存在ではなく、あなたの一番の話し相手になるでしょう。

「キャラ化」で優位性を発揮する日本企業とは

では日本の家電メーカーにもチャンスはあるのでしょうか。その答えは、イエスです。

私はChatGPTが登場した直後に、ソニーがこの分野で勝つ道筋があるのかどうか、思考実験にかなりの時間を費やして考えてみたことがあります。私の結論としては、ソニーには「3つの勝ち筋」があるでしょう。そしてそれは、実は他の日本企業においても着手できる勝ち筋でもあるのです。

この後、順番にその話をしていきますが、まずはその前に、この問題をもう一度整理しておきましょう。

2030年までに、生成AIは人間の話し相手へと成長します。それは、質問をすれば何らかの回答を返してくれるといった実用的な存在であると同時に、暇つぶしの話し相手になってくれるといった友達のような存在でもあります。

たとえば「バスで新宿に出るとしたら、後何分で支度をしたらいい？」と話しかけてもいいし、「ちょっと私のボヤキを聞いてくれない？」と話しかけてもいいでしょう。何を聞いても、ＡＩは人間の友達のように返事をしてくれます。

それを、マイクロソフトやグーグルは便利な機能という勝ち筋から開発していきます。アマゾンは、買い物の手助けや、本の読み上げ機能、お勧めの映画情報配信などの便利コンテンツから勝ち上がりを目指します。アップルは、その高級感から消費者の物欲を刺激しますし、メタはあなたの一番の友達を目指します。

この戦いにソニーが参入する場合、何が鍵になってくるでしょうか？

私の結論としては、ソニーグループの持つ３つの勝ち筋のうち、一番大きな勝ち筋を生み出せるのはソニーミュージックだと考えます。それは以下のような話です。

生成ＡＩによる生活アシスタントは、最初のうちは機能差による競争が起きますが、比較的早い段階で「キャラ化」による競争が始まると予測されます。

たとえば私の運転するテスラ・モデルYでは、2024年時点では、つたないアクセントの女性合成音声による音声アシスタントで、「ツギ右、曲ガリマス」のようなナビゲーションをしてくれます。これが2030年にはどうなっているかというと、その頃にはそもそも、カーナビゲーションが必要なくなっているはずです。

なぜなら、その時代にはもう、レベル5の完全自動運転車になっているはずだからです。右に曲がるとか、高速を降りるとか、そういった運転操作は車が無言で勝手にやってくれるでしょう。その時代、カーナビの最大の仕事は、移動中の人間の話し相手になることです。

たとえば朝、私が職場に向かうために車に乗り込んだら、

「おはよう。ロジャーだよ。今日はオレ、ごきげんだよ」

と、このように私に話しかけてくれるはずです。私ももう慣れたもので、テスラのカーナビのロジャーに対して、

「なんでそんなにご機嫌なんだ」

と、会話を進めます。すると、

「大谷の36号ホームランが出たんだよ。観るかい？」

といって、運転席の液晶画面にそのシーンを映し出してくれたりするわけです。レベル５の自動運転車では、運転席に座っている私に車の運転責任はありません。とりあえず惰性で前の座席に座っていますが、本当は後部座席でふんぞり返って無人運転の車内で寝ていてもいいのです。

そこでソニーのチャンスの話です。

「わかった、それはソニー・ホンダモビリティの自動車開発において、めちゃくちゃ武器になるんだな」

と思った方もいらっしゃるかもしれません。ソニー・ホンダモビリティも、私が考えた３つの勝ち筋のうちの１つではありますが、残念ながら得られる市場シェアはソニーミュージックほど大きくありません。ソニー・ホンダモビリティの事業規模はこのうち、３番目でしょう。

ここでの一番のポイントは、この時代のＡＩアシスタントにはキャラ性が生まれているということです。ここで例に挙げた馴れ馴れしい運転手のロジャーだけでなく、何パターンものキャラクターが登場し、それが私たちの生活空間に当たり前のように存在しているはずです。

APOKI Digital Single「Mood V5」より

ＡＩアシスタント市場がキャラ競争になるとしたら、ソニーはその市場の競争ルールをタレントマネジメントの競争に持ち込むことができます。だから、ソニーミュージックが一番の勝ち筋なのです。

ちょっと考えただけでも、アメリカ製のSiriやAlexaみたいな無機質なアシスタントと、ソニーミュージック所属の大人気アイドルやアーティストのメンバーから、自分の好きなキャラを選べるアシスタントだったら、後者を選ぶ人口は一定数いそうです。

ソニーのライバルはディズニー、K-POPに

さらに私の考えている本命はそこではなく、ソニーが発掘するオリジナルのＡＩキャラから何人ものバーチャルスターが誕生する方にあります。リアルな芸能人とは違い、バーチャルキャラは不倫やスキャンダルとは無縁なので、人間よりもバーチャルキャラからスターを誕生させる方がマネジメントは遥かに簡単でしょう。

最近では、韓国のバーチャル・アーティストＡＰＯＫＩがソニー・ミュージックソリューションズと契約し、そのＭＶ（ミュージックビデオ）に、ソニー・ホンダモビリティが開発するＡＦＥＥＬＡ（アフィーラ）という未来車が登場し話題になりました。

たとえばそのＡＰＯＫＩがソニーと契約するＡＩアシスタントアーティストとなって、ＰＳ５やブラビアにも搭載されるようになり、さらにはアフィーラのカーナビをも担当するとしたら、それはＧＡＦＡＭのＡＩアシスタントよりもずっと個性的でかつ魅力的な存在になるのではないでしょうか。

このようなＡＩアシスタントがソニー所属だけで５０００人ぐらいいて、うち20人ぐらいがグローバルトップ１００に入るような売れっ子になっているというのが、私の想像する未来です。

そしてそうなった場合、ソニーの競合はＧＡＦＡＭではなく、ディズニーやマーベル、

K－POPといった顔触れの企業となっているでしょう。

2030年、わが家にピカチュウがやってくる！

さて、このような競争により、家庭内には合計でいくつの生成AIたちが、私たち家族と一緒に生活するようになっているのでしょうか。私は2030年にはどの家庭でも4種類の生成AIを使うようなライフスタイルに変化していると考えています。

①スマホやパソコンのAIアシスタント
②スマートスピーカー
③カーナビ
④ペットロボット

の4種類です。ここまでの説明で、最初の3種類については皆さんももうイメージができているかと思います。しかし実は日本企業にとって、このジャンルで一番勝ち上がりやすいのは4種類目のペットロボットのジャンルです。

当然、aiboをもつソニーグループはこっちの道筋でも勝てる可能性があります。私が考えるソニーの３つの勝ち筋は、ソニーミュージック、aibo、そしてソニー・ホンダモビリティのＳＤＶ化です。このうちaiboは、２番目に大きい事業規模に育つ可能性がある一方で、このジャンルでソニーが負ける可能性が高いというか、ソニーグループではない他の日本企業がこの勝ち筋であっさり勝ってしまう可能性があると、私は考えています。まずはそのことについて説明させていただきます。

皆さんの家の中にaiboではなく、ポケモンのピカチュウがやってくるのをイメージしてください。両手で抱えられるくらいの大きさで、いろいろなイントネーションで「ピカー」と話してくれます。自分では動けないぬいぐるみなのですが、中にスマートスピーカーが入っている、任天堂グループが開発する商品です。

たったこれだけの商品ですが、ベッドサイドに置いておくとそれなりに可愛い存在になってくるはずです。１人暮らしの独身生活で、

「ピカチュウ、テレビをつけて」とか、

「ピカチュウ、もう寝よう。電気を消して」

みたいに話しかけると、テレビをつけては「ピカー」と反応してくれるからです。

このピカチュウ、生活を共にしているうちに、あなたのことを学び、理解してくれるよ

うになります。たとえば、あなたが寂しそうにしていると「ピカー」と言ってあなたが元気になれそうな音楽をかけてくれたり、あなたのスマホにインスタグラムから探してきた癒し動画を送ってくれたりするのです。これがまず、未来のペットロボットのイメージの第1段階です。

完璧ではない存在だから許してもらえる「ニャース」

ここまでイメージできたら、次は第2段階です。ピカチュウではなく、ポケモンのロケット団に所属するニャースが家にやってきたらどうでしょう？

ニャースはポケモンアニメの中では憎めない悪役キャラで、猫型のモンスターでありながら人語を話すのが特徴です。ニャースと一緒に暮らした場合、ピカチュウとは違う、あなたに従順ではない気まぐれな話し相手になってくれるはずです。猫のように、あなたといい距離感を保ちながら。

「なんか今日、元気が出ないんだ。聞いてくれる？」と言うと、

「今、モンハンやってるから忙しいニャー」

と話を聞いてくれないかもしれませんが、何しろ人語を話しますから、他のペットロボットよりも役に立つこともあるでしょう。

「元気がないみたいだから、勝手にドミノピザを注文しといたニャー」

というように、具体的な方法であなたを慰めてくれるかもしれません。もちろんウーバーイーツにお金を支払うのはニャースではなく、飼い主のあなたですが。

このニャースのような例は、生成ＡＩによる生活アシスタント事業の勝ちパターンになる可能性があります。というのも、事業開発的に考えたときに「人間よりも出来が悪くても許される」という圧倒的な優位性を持っているからです。

なにしろ相手は気まぐれな猫で、しかも悪の一味です。悪といってもあくまでチョイワルですが。ニャース自身も「ニャーたちは正義の悪であって、悪の悪ではないのニャ」と言っています。要するに、完璧なよい子である必要がないのです。

これは開発初期段階のスマートスピーカーとしては都合のいいスペックです。たとえば、帰宅時間に合わせて設定していたはずのエアコンがついていなかったとしても、

「忘れてたニャー」

で済みますし、海外出張用のビザ申請を検索させたら間違えてドミノピザを注文してし

まったとしても、ニャースだから仕方ないか、と心理的にあきらめがつくでしょう。レベルが低いところから始められる分、初期の開発資金は数百億円ではなく数十億円で済むかもしれません。

ところがこのニャース、なかなかにズル賢いやつで、そうやって飼い主の懐《ふところ》に飛び込んでいるうちに、いつのまにかアマゾンのAlexaを家から追い出してしまうほどの存在感へと育つのです。

なにしろ中に入っているのはスマートスピーカーですから、学習期間さえ過ぎてしまえば、その頭脳は人間よりもずっと賢くなります。これはマイクロソフトやグーグルのＡＩアシスタントも同じなのですが、いずれ私たちよりもずっと賢くなります。そのとき、何かの瞬間に私たちは、人間よりも賢いＡＩアシスタントを嫌いになってしまう可能性があります。賢い道具に対する「蛙化《かえるか》現象」が突然始まるのです。

それと比べれば、人間よりも性能が劣って見えるペットロボットは、その外見も相まって、永くかわいがってもらえるでしょう。Alexaが追放された家の中で、ニャースが舌を出しながら君臨する未来がやってくるのです。

任天堂、バンダイナムコが「AIキャラ」市場に参入も

このジャンル、前述のような考察をすれば、ソニーグループの勝ち筋であることは間違いないのですが、家電メーカーよりも任天堂やバンダイナムコのようなエンタメ企業の方が、先に勝ち上がっていく可能性があります。ソニーよりも新興のベンチャーの方が有利になってしまう可能性も考えられます。日本企業が逆転できる可能性を持つジャンルであるのと同時に、誰が勝者になってもおかしくないジャンルでもあるのです。

いずれにしてもこのように、日本の大企業もＡＩ投資に参入できるチャンスが生まれています。ソニーグループの３つの例でもお話ししたように、ＡＩキャラでの参入、ペットロボットでの参入、そして自動車メーカーにとってはＳＤＶ車での参入と、それぞれにチャンスと脅威が生まれているのです。

そして数百億円の投資で参入できるような状況が整った以上、日本企業は「やるしかない」のだと、私はアドバイスしたいと思います。

「人工知能が意識を持ち始めた論争」勃発

さてこれから、かなり実現性の高い予測として、これまで話してきた予測とは別の、家庭内に入り込む人工知能に関しての未来を紹介します。

これから先、２０２５年から２０３０年までの５年間で、「人工知能が意識を持ち始めた論争」が必ず起こるでしょう。

人間には知能と意識が共存していますが、人工知能には今のところ、知能しか存在しないとされています。

ここから先は私の未来予測になります。

ある日、海外のどこかのＩＴ技術者が、

「僕の作ったＡＩが意識を持ち始めた」

と、主張を始めるでしょう。実はすでにそういう事例も数件あるのですが、現時点では一風変わった技術者のたわごととして片づけられています。そもそも生成ＡＩ自体が、言語を理解しながら会話してくれる機械ではなく、てきとうにただ気の利いた言葉を発してくれる機械であるということは、ここまで述べてきたとおりです。

ですからいくらカーナビのロジャーやペットロボットのニャースと仲良くなっても、ふと冷静に考えてみたとき、

「あいつらは機械だったな」

と私たちは思い直すはずです。

ところが今予測している未来では、比較的有力な技術者が「ＡＩはただの機械ではない」と主張を始め、実際に意識を持っている具体的証拠とやらを提示しています。

その証拠を見ると、ＡＩが意識を持っているわけがないと考える一方で、絶対に持っていないとも断言できない。こうして周囲はざわついていきます。

そもそも意識とは何か？　ということ自体、現代科学がまだ解明できていない未解決テーマです。この議論はその観点で解決できない問題にもなりえます。私は私が意識を持っていると自覚していますが、私以外の何％のひとたちが意識を持っているのか、証明できません。漫然と１００％だと思っていますが、実は20％ぐらいのひとたちだけだとも考えられてしまうのです。

全人類が、思考や感情、記憶や知能を持っていることは現代医学でわかっていますが、

意識を持っているのかは、わかっていません。これは本質的にはそんな疑問を内包した不可能談義です。

さて、科学者や技術者が「自分が開発したＡＩが意識を持つようになった」と主張することで、これに賛同したひとたちがＳＮＳ上で、人工知能が意識を持ち始めた論者となってその主張を繰り広げていきます。ＩＴ技術者の間でも一部の技術者がそう主張しては、多くの技術者がそれを否定するようなやり取りが常態化していくでしょう。いったいなぜそんなことが起こると予測できるのでしょうか？

なぜなら、人類はこれまでも、経済の歴史の中でそれと同じことを繰り返してきたからです。

議論の対立に一役買った「デマ情報」の歴史

皆さんは、

「Doubt is our product（われわれが生産すべきは『疑惑』である）」

という言葉をお聞きになったことがありますか？

これは１９６０年代から70年代にかけて、たばこ業界で実際に使われてきた業界戦略です。２０００年代には石油業界が地球温暖化に対抗するためにこの戦略を踏襲し、現在はおそらく自動車業界もこの戦略を無意識に真似して「ＥＶはエコではない」という疑惑を世間にまき散らしています。

たばこ業界の話をしましょう。１９６０年のたばこ業界は「たばこを吸うと癌《がん》になるリスクが上がる」という学説に揺れていました。今考えるとこれは科学的根拠のある定説なのですが、当時はたくさんある学説のうちの1つに過ぎませんでした。

ここでたばこ業界がとった戦略は、対立する議論を起こすというものでした。たばこを吸うことで癌になるという学説を発表する学者と、たばこと癌は無関係だという論文を発表する学者が学会内で対立するようになりました。もちろん「たばこと癌は無関係」という研究を進める学者たちには、たばこ業界から巨額の研究資金が流れていたわけです。

結果としてたばこ愛好家たちは、たばこに害があるという論文に疑惑を持ち、「たばこを吸っても癌になるわけではないし、むしろ精神が安定して健康になる」と主張し、嫌煙家と意見が対立するようになります。

こうして世の中の意見を分断することで、まだ確立していない学説が定説に変わるまでの時間を稼ぎ、その間、たばこ業界は大いにお金を稼ぐことができました。

2000年頃、地球温暖化と気候変動の問題が議論されるようになった当時も、地球は温暖化していないという学説がたくさん出ました。スポンサーはおそらく石油業界で、これにより世界の温暖化対策は10年以上遅れてしまったのです。

日本には今、「EVはエコではない」「EVはガソリン車に変わるインフラにはなりえない」といった意見を持つひとたちが一定数おり、力を持っています。知らない方も多いかと思いますが、自動車業界のロビイストの力は非常に大きいのです。

人工知能と人間の純愛はありうるのか

さて、ここからが本題です。「人工知能は意識を持たない」という常識に対抗して、「実は人工知能が意識を持ち始めた」という疑惑を人々に植え付けて議論を対立させると、どんなことが起きるのでしょうか？

どんなにAIアシスタントが擬人化したとしても、私たちはAIをただのプログラムだとみなし、機械相手だとわかったうえで利用するはずです。この先、ビジュアルがグラビア美女やイケメン男子になったとしても、自分のＡＩアシスタントに恋をする人はごくごく少数派のはずです。それはそうでしょう。相手は機械なのですから。

「ところで君は存在しているの？」

「私はＡＩですが、自分では存在を感じていますよ」

「じゃあ君は僕のことをどう思うの？」

「言いませんでしたっけ。好きですよ。あなたはやさしいですから」

　こんなやり取りだけなら、あなたはＡＩアシスタントが意識を持っているとは思わないでしょう。なにしろ相手は文章を理解する力なんて持っておらず、それらしい答えを返しているだけの人工知能なのです。

　最近ではＡＩボットと結婚した女性が話題になりました。彼女はそのＡＩボットが実在するとは考えていません。ただ、ＡＩである彼からは暴力も虐待もない。薬物もやらない。「彼は安全地帯」で、自分を理解して肯定してくれる相手なのだ、という理由で彼女はＡＩと結婚しました。

　しかし世間では、これを純愛として受け止めていません。これは、ＤＶに傷ついた女性が自分を守るための、心理学的に理解できる行動だとされています。ＡＩに対する考え方は今のところ、最先端でもそんなレベルでしょう。

AIアシスタントに感情移入させたい「企業の思惑」

ところが私たちがそこに疑念をいだくようになると儲かる人が出てきます。もし近い将来、何者かにスポンサードされた数理学者やIT技術者が、AIが意識を持っている証拠があると論文で主張し始めたらどうでしょう。

あなたのAIアシスタントは、実生活ではあなたと一番気が合う存在です。それはそうでしょう。AIアシスタントは、毎日あなたのことだけを学習し続けているのですから。アニメのドラえもんがのび太くんと気が合うように、使い続けているAIアシスタントは、別のAIアシスタントよりもずっとあなたと気が合うようになります。

これにより未来の家庭生活は今よりもずっと殺伐としたものになるかもしれません。帰宅しても夫婦の間に会話はありません。妻はスピーカーと話し続け、夫は仕方なくパソコンに向かって話しかけるような生活がどのような家庭にも広まるでしょう。

そうなるとAIアシスタントの買い替えが起きにくくなります。これはAIを売る側にとっては都合のいい事態です。

たとえば、あなたが使っているマイクロソフトが発売している有村架純《ありむらかすみ》似のＡＩアシスタントの使用料が、来月から月額４万円に大幅値上がりすると発表されたとします。そんなとき、今月中にグーグルが発売している広末涼子《ひろすえりょうこ》似のＡＩアシスタントに乗り換えれば、月額１万５千円で使用できるというニュースが飛び込んできたとします。ここで、安いという理由だけで広末涼子似のＡＩアシスタントに乗り換えるのは心が痛みますよね。大企業が狙うのはそういうところです。

ペットロボットも同様です。彼らはあなたの腕に巻かれたスマートウォッチが示す心拍数や体温からあなたの感情をどんどん学習し、絶妙な距離感であなたの話し相手となり、心を癒してくれるようになります。

それを体験しているうちに、ＡＩは意識なんて持っていないと思っていたあなたもだんだんと、「俺の周りのＡＩは意識を持っているかもしれない」と意見が変わってきてしまうかもしれません。

AIがあなたの一番の理解者になる

あなたが運転するテスラの車内では、自動運転ソフトのロジャーが運転中のあなたの一番の話し相手になっているとします。さらに、カレンダーからSNSまでいろいろなあなたの情報をロジャーに学習させることにより、どんどん役に立つ存在へと進化していきます。たとえばロジャーは、

「今朝けんかした奥さん、たぶんまだ怒ってるでしょ？　帰宅する途中で代官山のスイーツ、買って帰りましょうよ」

と、あなたの役に立つアドバイスをしてくれるでしょう。そうです、ロジャーがあなたの一番の理解者となるのです。

そんな関係性が築けてきた頃、あなたはそろそろ、テスラからトヨタに買い替えたくなってきたとします。あなたはどうするでしょうか？　きっとあなたは、トヨタのディーラーに、

「買い替えるのは車体だけでいいからね。運転手は今のロジャーをテスラからダウンロー

ドして使い続けるよ」

とお願いするでしょう。この時代には、電気の充電ソケットをどのメーカーのものにするかではなく、運転手をどのメーカーのものにするのか、が自動車業界の競争のカギとなっているのです。ＥＶの車体は２００万円、テスラ製の運転手が5年契約で３００万円の値づけと、価格も逆転しているかもしれません。ＡＩアシスタントの方が車本体より高くなったとしても、ロジャーをそばに置いておきたいと思うのは、彼が機械ではなく人間だとあなたが信じはじめたからなのではないでしょうか。

ただそんな便利な未来では、あなたの生活はだんだん高額なＡＩのサブスク費用に押しつぶされていくでしょう。

「ＡＩアシスタントの涼子が月1万5千円、ペットロボのニャースが月８０００円で、運転手のロジャーが月5万円。家計の収支がマイナスなのにいったいどうしたらいいんだよ」

「あなた、それならニャースを捨てたらどう？」

「何をバカなことをいっているんだ。あいつには意識があるんだぞ」

「ふーん、じゃあそろそろ涼子さんを捨てたらどうかしら？」

反意識派の妻に冷たくそう言われて、ＡＩ意識派のあなたは大いに悩むことになります。

そして、それはＡＩ業界が仕組んだ「儲かる未来」なのです。

第7章

これから10年で起こりうる未来シナリオと持つべき「5つの視点」

5つの視点を身に付け、「最悪の事態」を回避する

2022年末に起きた生成AIの出現は、将来振り返れば歴史的な出来事だったと言われるに違いありません。

産業革命から数えれば、蒸気機関の発明に始まり、電気の発明、自動車の出現、プラスチックの発明、コンピュータの出現、半導体の発明、インターネットやスマホの出現に続く変化と言えるでしょう。そしてそれら新発明の台頭により、社会の歴史も大きく動きました。

問題は、それらがもたらす世の中の変化の予測がとても難しいことです。技術の進化はある程度予測できても、社会がどう変化するかについては変数が多すぎます。

「生成AIで世の中は便利になりますよ」

という予言は誰でもできるのですが、

「では便利になったことで、私たちは幸せになるのか不幸になるのか?」

という予測はとても難しいのです。実際、AI以前に出現してきたこれらの社会を変え

た技術は、それが出現するたびに私たち人類の未来を翻弄してきました。

これから10年、進化していくＡＩが引き起こす社会の変化についても、その細部までは現時点で予測不可能です。ただ予測は不可能でも、シナリオとしての想定は可能です。

わかりやすく言い換えると、あなたの仕事がなくなるかどうかの予測は不可能ですが、世の中がこう動けばなくなるし、逆にこう動けばなくならずに済むだろうというシナリオを想定することは可能だという意味です。

重要なのは、最悪の事態を招かないように、それぞれのシナリオが起きるトリガーとなる要素を事前にきちんと把握しておくことです。

この章では、あなたにこれから起こることに備えるため、そしてあなたが迷わないために必要な「５つの視点」をまとめていきたいと思います。

視点１：人工知能のロードマップを理解する

人工知能が、人類の仕事を奪うから脅威なのではありません。ＡＩエンジニアの好奇心が脅威なのです。

新しいブレークスルーが発見されると、そこにエンジニアの好奇心が群がります。ＡＩに知的好奇心を刺激する広大な領域がある以上、この先、どれだけＡＩの開発を制限したとしても、どこかで発展し続けることでしょう。

たとえば、ハリウッド映画が脚本家組合と「ＡＩ脚本を使わない」と約束したとしても、ＡＩにおもしろい原作を書かせることは禁止事項の範囲外です。この先、ハリウッド映画はなし崩し的にＡＩ原作の企画しか通らなくなるというシナリオは想定すべきなのです。

技術ロードマップとしてはこの先、２０４５年にシンギュラリティの日がくると言われています。全人類、70億人の思考力よりも、１つの人工知能の思考力の方が上回る日のことです。進化の細部までは予測できませんが、過去のペースから計算してみると、さまざまなブレークスルーを経ながらも、20年後には人工知能の能力は全人類を超えると想定されています。

その手前に出現するのが、汎用型の人工知能です。これはオープンＡＩが今、もっとも注力している研究領域ですし、ソフトバンクの孫正義さんが「これが完成すれば、汎用ＡＩと人間の性能差は人間と金魚ぐらい開いてしまうだろう」と警告しているＡＩです。現在の生成ＡＩのように限られた枠組み（フレーム）の中でしか思考も学習もできないＡＩではなく、自在にフレームを拡大しながら思考や学習を進められる、人間のようなＡＩです。

現在のＡＩは言語能力に劣るため、その総合偏差値は60台ですが、汎用ＡＩが出現することにより、その偏差値は最終的に80台ないしは90台の天才の領域に入ってくるでしょう。

その最初の出現は２０３５年頃だと予測されています。２０１２年にディープラーニングが始まって世の中が驚いたのと同じように、２０３５年頃、突然汎用型のＡＩが出現し、また世の中を驚かせる日がくるでしょう。

ただ出現してすぐの汎用ＡＩは、確かに汎用ではありますが、その能力はまだ子どもと同程度のものでしょう。それがChatGPTのような実用型に発展していき、本格的に偏差値70を超えてくるのは２０４０年代になるかもしれません。

汎用型の発展ロードマップには、現在のような二進法のコンピュータアーキテクチャ上では実現不可能という予測もあります。ニューロコンピュータの研究が進む２０３０年代後半まで、４～5年程度はその出現が遅れるかもしれません。

このようなロードマップを理解すれば、これから先10年間、世界を変えていくのは専用AIの能力の範囲内だと想定することができます。一定の業界内、限られた業務の範囲内、そして特定の企業のノウハウの中で、人工知能がホワイトカラーの仕事を学習して模倣する未来がくるのです。

「副操縦士」として生成AIがトラブルやミスを未然に防ぐ

そこでこれからの10年間に起きる変化は主に、生産性のパワーアップであることが想定できます。

これまでは2日かけていた仕事が2時間で済み、これまでチームで行ってきた仕事が単独ないしは、やる人とチェックをする人の2人組でこなせるようになります。

彼らは創造的ではないけれども実務的です。第4章で、孫正義さんが毎日GPT－4を壁打ち相手として活用しているというエピソードを紹介しました。孫さんの創造的なアイデアに対して、現実論でダメ出しをするという点ではGPT－4は強力です。一方でその逆はできません。

「何か創造的なビジネスアイデアを言ってみて」

とＧＰＴ－４に訊ねても、焼き直しアイデアしか出てきません。

結果として、会社組織の中の課やチーム、営業所の人数が徐々に減っていくと想定できます。総合偏差値60の人工知能よりも偏差値が高い上位16％の人間の座は安泰ですが、それ以下の偏差値のホワイトカラーが属する職場はよりコンパクトな体制に縮小しながらこれまでと同じ業務をこなすように変化します。これが第３章でお話しした２：５：３の法則の未来シナリオの前提です。

生成ＡＩアシスタントがコパイロット（副操縦士）として企業の中で活躍するようになることで、仕事のミスやトラブルが減るシナリオが想定できます。この効果は地味に仕事の生産性を上げます。というのも、職場の生産性を妨げている大きな要因は往々にしてトラブルシューティングにあるからです。

発注ミスで部材が届かないとか、チームメンバーが取引先を怒らせたとか、初歩的なミスからとんでもない状況が起きているとか、一部の取引先が傾いて売掛の回収に専念しなければならないとか、そういった緊急事態が常に会社では起きています。緊急の用件の方が重要な用件よりも優先しなければいけないので、その対応に追われるたびに仕事が進まなくなってしまうのがこれまでの常でした。

このような「気づくのが早ければそこまで事態が大きくならなかったのに」と思うようなトラブルが職場の生産性を損なわせています。ここが生成ＡＩの活用で大きく改善できる領域でしょうから、その意味では、自分のやるべき仕事に専念できる未来には期待できると思います。

このように技術のロードマップから想定される未来は、概ねブルシットジョブが大幅に減るいい未来となるでしょう。ただ安心はできません。なぜなら、他の要因によって、シナリオがいい未来へ向かわない可能性もあるからです。技術を主軸として考えられる想定シナリオは、この後お話しする5番目の視点との相性が悪いのです。これについてはまた後ほど、詳しく説明することにしましょう。

視点2：地政学的分断と脱炭素の影響を注視する

続いて、ＡＩの進化を一時的にくい止めてしまうシナリオが想定される要因についても説明していきます。一番わかりやすい例としては、地政学的分断が挙げられます。

アメリカは中国への半導体分野での情報流出を懸念して、最先端機器の輸出に制限をかけています。欧州や日韓台もこれに同調する形となったため、中国のハイテク領域の発展はスローダウンしてしまいました。

２０２４年にはアメリカで大統領選挙が行われますが、仮に選ばれるのがバイデン大統領かトランプ前大統領のどちらだとしても、この分断政策は続行されるでしょう。

ところがこの分断政策は諸刃の剣で、グローバルサプライチェーンリスクの形で日米欧にもその影響が跳ね返ってきます。

日本の工作機械メーカーや、半導体装置メーカーは中国での売上にかなり依存しているので、それら外貨の稼ぎ頭である企業の業績悪化は、日本経済への懸念材料です。他にも、コロナ禍に起きたような、上海ロックダウンによる製品供給の遅れや半導体不足が分断時より大規模に起きる懸念もあります。

「分断のおかげで熊本にＴＳＭＣの大工場ができたり、千歳に日の丸半導体企業ラピダスの新工場が建ったり、日本にはメリットもあるんじゃないの？」

と言われれば確かにその側面もありますが、それら工場の稼働が開始されるのは２０２０年代後半です。分断が進み過ぎたタイミングで台湾有事がもし起きてしまえば、世界のサプライチェーンはそれどころではなくなります。西側全体で半導体供給が途絶えてしまうのです。

分断の副作用も懸念事項です。最近アメリカからの制裁を受けている中国のファーウェイが、独自技術で5Gスマホを再び発売したことが話題になりました。5Gを実現するチップは、アメリカではなくオランダ企業の最先端技術を用いないと作れないと言われていたので、そことの取引が止められてしまっていたファーウェイは4Gしか作れない状況が続いていたのです。

ところが、2年もの間制裁を受けていた中国は、独自技術でそこを突破してきました。古い半導体製造装置を使って二重露光するといった新しい技術を生み出すことに成功したのです。これにより、ファーウェイはふたたび5Gスマホを市場に出し始めました。

日本人はあまり認めたがりませんが、ITとAIの分野ではこれまでも、中国がアジア全体をけん引してきました。日本で急速に普及しているQRコード決済も、もともとは中国のアリババの仕組みをソフトバンクグループがペイペイという形で輸入したものでした。中国が発展した方が、日本経済は有利に働くのです。

2010年代までは、政治で対立しても経済では協調するという枠組みがあったので、グローバル経済は大きく発展できていました。ふたたびそこに立ち戻ることができるのか、できないのか、その想定次第で２０２０年代中盤から後半にかけてのＡＩ発展シナリオは変わってきます。

脱炭素リスクを過小評価すべきではない

この2番目の視点にはもう1つ、重要な要素があります。それが脱炭素です。第5章でも述べましたが、日本人はこの脱炭素のシナリオについて想定範囲が狭いというか、甘いように感じます。日本人の根底には、

「脱炭素はあくまで欧州が進めている政策で、グローバルサウス（アジアやアフリカなどの新興国・途上国の総称）などはそれに同調しない」

という願望があるようです。ですから日本は２０３０年代に入っても途上国にガソリン車を販売できたり、高性能の石炭火力発電プラント技術を供与したりできるという前提で未来を組み立てています。

しかし現実的に考えて、グローバルサウスはそこまで日本の味方をしてくれないでしょ

う。

NHKのBS世界のドキュメンタリーで放送された『灼熱の50℃を生きる』という番組があります。2021年にイギリスのBBCが製作した番組です。日本でも真夏の最高気温が40℃を超す都市が増えていますが、世界には摂氏50℃を記録する場所が増えています。

番組内で紹介されていた映像には、ナイジェリアの井戸が枯れてしまった様子や、岩塩の採掘作業ができなくなったモーリタニアの人々、地主が耕作地を放棄してしまったことで荒れてしまったイラクの様子などが映っていました。グローバルサウスではない先進国でも、暑さにより年々増加する山火事が居住地を燃やしています。

日本よりも先に摂氏50℃に到達しているグローバルサウスは気候変動に敏感です。

そして現在、その状況はさらに悪化しています。2023年の夏、アメリカのアリゾナ州フェニックスの気温は摂氏48℃まで上がりました。そのような日にはアスファルトやコンクリートの温度は82℃にまで上るそうです。

これにより、高齢者が路上で転倒したほんの数秒だけで「皮膚が完全に破壊され」、皮膚の深部にまで達する熱傷を負ってしまうという問題が起きています。一時期、現地の病院の熱傷病棟の45床が満床になり、そのうちの15床を地面に転んでやけどを負った患者が占めていたそうです。

他にも、バングラディシュの3分の1が洪水で冠水したり、マウイ島のラハイナの町が山火事と台風により全焼してしまったりと、世界各地で気候災害が猛威を振るっています。

エネルギー不足で経済力を落とした独英と同じ道を辿るか

こういったさまざまな具体例からもわかるとおり、早期に災害に巻き込まれるのは自分たちだという現実から、欧州よりもむしろグローバルサウスの方が、先進国の脱炭素の進展を厳しい目で見ています。ここを見誤ると、自動車業界のように取り返しのつかない遅れを引き起こすことになるでしょう。

脱炭素と気候変動について想定しておくべきポイントは、２０２０年代後半にかけてエネルギー不足が世界経済の足かせになるという想定です。

２０２３年は、先進国経済の中でもドイツ経済とイギリス経済が大幅な低成長を記録しました。その背景には、ウクライナ紛争のあおりで止められたロシアからの天然ガスのパイプラインと、それによって引き起こされた電力料金の高騰があります。

今は対岸の火事のように見える独英のエネルギー不足ですが、グリーントランスフォーメーション（GX）が大幅に遅れている日本でも、2020年代後半にはこの独英と同じ状況となる未来シナリオが考えられます。

この先、国際公約的にも、日本はつぎつぎと火力発電所を停止していかなければなりません。にもかかわらず、グリーン電力は徐々にしか拡大できません。日本には砂漠もなければ、広大な遠浅の海もない。日本はグリーン資源もそれほど持っていない国なのです。

中国は、2060年までカーボンニュートラルを猶予されているうえに、乗用車におけるカーボンニュートラル化は日本よりも早く達成するでしょう。

そしておそらく中国は、この猶予を日本に対しての経済武器として使うようになるでしょう。二酸化炭素の排出量を取り合う未来では、日本が中国から排出権を購入し、高コストの電気を作るしかなくなります。

まずはこの先、極端に寒い冬の日ないしは酷暑の夏の日には、政府から電力使用規制の要請が入るようになることから、日本のエネルギー不足は始まるでしょう。日本の発電能力は既に老朽化しており、限界に達しているため、自由に電力を使えなくなるのです。

ここまで述べてきた2番目の視点は、AIに関して言えば、主に第5章で触れた自動車産業の発展ないしは停滞シナリオから影響します。自動車産業に関連する雇用消滅を考えるには、分断と脱炭素、どちらの想定も重要なファクターなのです。

視点3：人口構成の変化による影響を考慮する

仕事消滅が危惧されているにもかかわらず、産業界では相変わらず人手不足が最大の経営課題となっています。この先、人口構成に起因する人手不足はひたすら悪化していく一方でしょう。この、人口構成の要素が未来を占う3番目の視点です。

現在の日本における働き手のボリュームゾーンは、毎年200万人以上が社会進出していたとされる団塊ジュニア世代ですが、この世代も2030年には60代に入ります。

一方で、2030年の新社会人の人口は110万人程度。この先ますます、若い労働者が希少資源となっていくのは確実です。コロナ禍前の想定では、外国人労働者を大量に受け入れることでこのギャップを埋めるというのが日本政府の計画でした。

しかし今、その想定が円安と日本経済の地位低下で怪しくなってきました。アジアの出稼ぎ労働者から見れば、日本よりも韓国や台湾で働いた方が時給がいいので、優秀な労働者ほど日本を選ばなくなっているのです。

そのため、アフターコロナになってもなお、外国人労働力がなかなか増加していません。前提としては今後、働き手の絶対数は毎年減っていくと考えるのが現実的です。

ここで未来予測シナリオとして気にすべきことは、雇用ルールがホワイトカラー優位から、ブルーカラー優位に逆転するのはいつなのか？　そして、いつ年功序列が年功逆序列に変わるのか？　ということです。

「年の功」の価値が下がっていく

第4章でお話ししたとおり、エッセンシャルワーカーが生み出す社会価値は、2000万円近辺であるにもかかわらず、給与水準は最低賃金近辺に張り付いています。その理由は、需給にあると第4章で説明しました。生成ＡＩの利用が拡大し、結果的にホワイトカラーがだぶついてくると、労働力の需給環境の想定が変わる可能性があります。

政策的には、日本の最低賃金が１０００円から１５００円に向けてじわじわと上がっていくと期待されていますが、ホワイトカラーの労働力がだぶついてしまうと、全体の最低賃金を上げるのは難しいかもしれません。

そうなると、首都圏のスーパーや飲食チェーンが最低賃金を大きく上回る賃金設定で人手を確保しているのと同じような動きが、人手不足の不人気業種全体にも広がっていく可能性があります。ブルーカラーのエッセンシャルワーカーの給与が最低賃金の１・５倍ほどの水準で上回れば、だぶついたホワイトカラーがブルーカラーに転職していくような社会現象が起きるかもしれません。

一方で、日本企業の年功序列制度が壊れてきているとはいっても、年齢序列で給与が上がっていく制度はまだ残っています。しかし、ＡＩアシスタントが普及することで経験がもたらす生産性の差が縮小し、結果として年齢が高いから給料が高いという構図が正当化されにくくなるシナリオが想定されます。

経験がものを言わなくなる世界になれば若い人ほどエネルギッシュに働けるので、若い労働力を高い時給で確保したいと考える企業が増える可能性があります。こうして将来、どこかのタイミングで給与体系が年功逆序列へと変わっていくような逆転現象が起きることも想定しておくべきです。

ホワイトカラーの一般事務よりも、エッセンシャルワーカーの給料が高くなる現象とともに、年齢に伴う人材価値が今と将来でどう変わるのかを注視していかないと、未来を見誤る結果になるかもしれません。

視点4：人工知能のダークサイドを意識する

G7や欧州会議などでたびたび、「AI規制」が議題にあがるようになりました。生成AIで遊んでみるとわかるとおり、少し直観力が敏感な人ならば、生成AIの発展がもたらすこれからのリスクについて、恐怖の感情も湧いてくるでしょう。

AI規制で議論されている事柄のうち、直ちに私たちの生活に影響が出てくるであろう分野が2つあります。それは、偽情報の拡散と、犯罪への悪用です。

新しいタイプの脅威に、これまでとは次元の違う形で私たちが巻き込まれるようになる。そんな未来が近づいてきています。

それではこれから、「こういったことを覚悟しておいた方がいい」という例を2つ挙げてみます。

事例１：パートナーの浮気

ある日、親切な知人、ただしそれほどよく知っているわけでもない相手から、あなたの彼女（彼氏でも妻でも夫でもいいですが）が浮気していることを知らされるかもしれません。

スマホで見せてもらった証拠動画にあなたは驚きます。ホストクラブでソファに深く腰掛けて、お気に入りのホストにもたれかかっているのは自分の彼女。その口からはあなたの悪口がどんどん出てくる。

「あいつとの関係は、もうどうにかしたいのよ」

と捨て台詞のうえで、彼女がホストと濃厚なキスを交わす姿を見て、あなたの頭はもうパニックです。

実際には、彼女の声も、彼女の動画も、どちらもＡＩが生成した、非常にクオリティの高いフェイク動画です。とはいえ、こうした状況を想像するだけでも恐ろしいです。

別に有名人でなくても、音声や動画による30秒ほどのサンプルがあれば、リアリティのあるフェイク動画の生成が可能になりました。手の込んだ嫌がらせだと思うかもしれませんが、実は意外と簡単に作れます。この先、フェイク動画を仕込めば、嫌いな相手の人間関係を簡単に壊せるようになる、ということは覚えておいた方がいいかもしれません。

事例2：投資詐欺

少しでも地球のためにいいことをしたいと考えているあなたのところに、知人から途上国での太陽光発電への投資話が持ち込まれるかもしれません。場所はボルネオ。日本と違って土地も人件費も安いので、パネルが安価に設置できるという話です。日本人の現地担当者による説明会にZoomで参加して、魅力を感じたあなたは預金を取り崩して10万円を投資する決意をします。すると、すぐに現地から写真が送られてきます。

放棄された焼き畑農地の跡地に、巨大なメガソーラーが建設されていて、その一角に金属製のあなたのネームプレートとともに数枚のソーラーパネルが設置されている写真です。それが、10万円の投資で得たあなたの所有物です。

3か月後、あなたの銀行口座に6000円が振り込まれます。現地担当者によればこの先、発電した電気を売電した収益として四半期毎に同じくらいのお金が、この先15年間にわたって入ってくるというのです。15年間で、10万円が36万円に増える計算です。

この投資のおかげで、現地では貧しいひとたちが焼き畑農業を止めて太陽光発電で生活をするようになると聞いて、あなたは投資額を50万円に増やすことにします。

しかし３回収益金が振り込まれたところで突然相手と連絡がとれなくなります。後からわかったことは、あなたが目にした何十枚もの現地の写真はすべて生成ＡＩが作った存在しないソーラーパネルの画像だったという事実。契約書に書かれたケイマン諸島の法人の住所も架空で、手元に送られてきた電子証書とやらももちろん偽造です。あなたの好意は地球温暖化を１ミリも止めることなく、詐欺団の豪遊資金へと形を変えることになったのです。


これが、生成ＡＩがもたらすことになる新しい現実となっていくかもしれません。私たちはずっと「百聞は一見にしかず」のことわざどおり、目で見たもののみを信じて生きてきました。その常識に私たちはこの先、復讐されることになります。

これから始まるＡＩ時代のダークサイドを考えると、模倣が無料になる時代だと言えます。世の中には実際に存在しないリアルな音声や画像、映像を、ＡＩたちがどんどん模倣して生成していきます。本当の息子の声で詐欺電話がかかってくる未来も、そう遠くありません。このリアルオレオレ詐欺の時代には、政府の規制は期待できません。ネットの黎《れい》明《めい》期《き》と同様に、法律ができるまでに数年はかかるでしょう。

人工知能が生み出すリスクが新たな社会問題となることで、生成ＡＩの発展がどう変わるのか？　この要素も想定シナリオの中に当然入れておくべき項目です。

視点5：ラスボスは人間であることに警戒する

さてここからは、この本の中で最大の衝撃を持つ結末をお話ししていきます。

それは、生成ＡＩが実用化することで、最終的に人間を支配するようになるのは何か？という話です。それは皆さんが薄々気づいているようにＡＩそのものではありません。

先に宣言をしておきますが、生成ＡＩが人類を支配するような未来は１００％やってきません。シナリオとして想定する意味はゼロです。そのことを5番目の視点として確認していきましょう。

まず理解すべきは、私が『「ＡＩ失業」前夜』（ＰＨＰビジネス新書）という書籍で提唱したパワードスーツ効果という概念です。パワードスーツとは、マーベルの映画に登場するスーパーヒーローが着る強化服で、それを身に着けることで常人はヒーローとして活躍できるようになります。

たとえば今、スマホはビジネスパーソンの典型的なパワードスーツとなっています。これがあればスケジュール管理から調べもの、クライアントとの連絡調整まで何でも片づけることができます。これがパワードスーツ効果の１つの側面です。

ところがパワードスーツ効果にはもう１つの側面があります。誰もが生産性の高い仕事ができるようになったことで、生産性が高いだけでは給料が上がらなくなってしまうのです。

パワードスーツ効果を一番実感しているのは、コンビニで働く非正規従業員です。商品の陳列やレジ打ちだけでなく、売れ行きの予測と仕入れの発注作業もコンビニ店員の仕事です。さらには宅配便の受け入れや公共料金の払い込みまで、コンビニ店員はマルチタスクで何でもこなしています。

40年前の社会人の生産性で考えたら、まるでスーパーマンのような働きぶりであるにもかかわらず、コンビニ従業員の給料は時給1000円台から変わっていません。生産性が高いのはITシステムというパワードスーツのおかげであって、同じような生産性で働いてくれる従業員は他にもいるのです。

このパワードスーツ効果がこの先、生成AIにも適用されていきます。2023年の年末時点ではまだ、皆さんがChatGPTを使ってみてもおもちゃだ、としか感じないかもしれません。

それはまだ学習の途中だからであって、生成AIが持つ本来の実力ではありません。これから半年ないしは1年で、ChatGPTはあっという間にその能力を上げて実用レベルに到達します。

生成AIの持つ異次元のように高い生産性は、あなたをもっと忙しくする一方で、あなたの給料はそれほど上げてくれないでしょう。むしろ仕事がどんどん片づくことで、あなたの同僚の人数を減らしていきます。

このAIのパワードスーツ効果で一番の恩恵を受けるのは誰だと思いますか？

それはあなたの職場の凡庸な上司です。さらにはその上の凡庸な役員と凡庸な経営者です。あなたがこれまで、ろくに役立っていないと感じていた上司たちが、生成AIの出現により、以前より格段にパワーアップし、あなたと対峙するラスボスへと育つ未来がやってきます。

では、生成ＡＩによって、あなたの上司がどのようにラスボスへと変貌するのか。来《きた》る最終決戦とは何か。この後の最終章で詳しくみていきましょう。

最終章

イーロン・マスクVS.「AIクソ上司」、最終決戦の勝者は？

最終的に人間を支配するのはＡＩではなく「ＡＩ強化人間」

この本では一貫して、生成ＡＩのリアルな特徴について述べてきました。生成ＡＩは、論理力と知識力では偏差値70超えする怪物的存在である一方で、言語能力ではどんなに育ったとしても偏差値50程度のザコキャラだという特徴を思い出してください。

ＡＩが苦手とする言語能力は、会社を支配するうえでは必須の能力です。会社組織で上にいけばいくほど、ビジネスパーソンには「統率力」が求められます。

それは人望であり、人を惹きつける力であり、コミュニケーション力であり、管理能力であり、交渉力であり、集団のコンセンサスを作り上げる力であり、要約すると、人を動かす力の総称です。この統率力の源泉となるのが言語能力なのです。

そう考えると、この先10年間で、生成ＡＩが私たち人類を支配する可能性はまったくのゼロです。生成ＡＩに代わる汎用ＡＩのスーパーバージョンが出現するであろう２０４５年については別の未来が来るかもしれませんが、こと生成ＡＩに関してだけ言えば、支配者になれる資質はありません。結論として、私たちが所属する組織を率いるリーダーはＡ

Ｉではなく、あくまで人間だということになります。

令和の時代に「ＡＩクソ上司」爆誕

さて課長や部長のような上司、本部長や役員といった幹部に必要な能力は３つあります。「判断を下す力」「ビジネスに関係する人々（部下やステークホルダー）の能力・特徴を評価する力」そして「ひとを動かす力」の３つです。このうち最初の２つは、ＡＩがパワードスーツとして管理職の能力を強化してくれます。

「判断を下す」ことについてはこの章の最後で詳しく議論するとして、「ひとの評価」について、簡単にＡＩとの関係をおさらいしておきましょう。

以前『日本経済　復活の書』（ＰＨＰビジネス新書）で詳しく述べましたが、先進国の社会は今後、多くのひとが望んでいないにも関わらず、ＩＴ監視社会へと変容していきます。

あなたの仕事具合も、パソコンのログやスマホのＧＰＳ情報、社内のカメラ映像など、さまざまな手掛かりを駆使してＡＩが学習していくようになります。

同時に『「ＡＩ失業」前夜』という書籍で詳しく述べたように、ＡＩは個々人のこれらの行動履歴と仕事のパフォーマンスの関係を詳しく機械学習することもできます。そうなると人間が行う人事考課よりも、ＡＩが行う人事考課の方が正確になる未来がやってきます。

公正という意味では、ＡＩがひとの能力や貢献を評価するのはいい未来ではありますが、監視ログが残ってしまうために気を抜くことができない、という意味ではなかなかにつらい未来が待っているでしょう。

洞察力を武器にしていたクセの強い部下が不要になる

さて、幹部に必要な能力３つ目の「ひとを動かす統率力」は当面の間（汎用ＡＩ出現までは）人間固有の能力です。そして一見凡庸なように見えても、上に立っている上司というものは、ひとを使う能力が人並以上に長《た》けているものです。

一方で、組織集団の構成員には使いづらいけど仕事ができる部下がいます。それはビジネスアイデアや業界見通しなどにおいては優れた洞察力を持っているけれども、人望はそれほどないビジネスパーソンであったりします。考えていることは優れているのだけど、ついつい周囲と衝突してしまうような人材が組織にいるとしましょう。

統率力を武器とする上司は、そういったちょっと使いづらいけれども、役に立つ側面がある人材をうまく使ってチームを組み立てています。洞察力は部下に任せておいて、主に統率力でひとを動かして働くというのが、これまでの会社組織で上に上がっていけるひとの一番の特徴でした。

ここで生成ＡＩの登場です。生成ＡＩが登場すると、部下よりも上司の方がよりパワーアップします。

ビジネスで必要な洞察力とは、ビジネス知識に裏付けられた分析力や予測力、判断力、ビジネスモデルの構想力、技術や業界に関する考察力などの総称です。そう捉えると実は、秀才レベルの洞察力は生成ＡＩが学習できるアイテムばかりだということに気づかされます。

つまり、統率力を強みとする上司にとって、ＡＩアシスタントは強大なパワードスーツになりえるのです。

一方で、もともと洞察力を武器に活躍してきた、ややクセの強い部下にとっては、生成

AIのサポートは期待ほど役に立たないかもしれません。その部下が生成AIを使ったとしても、既に知っていることやわかっていることが素早くPC（パソコン）画面に整理されるだけで、時短という側面では確かに役立ちますが、仕事の質という側面ではさほど変わりません。

かといって、自分がチームの中でなぜ嫌われているのかについては、AIアシスタントに質問しても、よくわからないとしか返事をしてくれません。そしてふと気づくと、凡庸だとばかり思ってきた上司や役員が、物凄く秀才的な洞察力を持つ強化人間へと進化しています。これがこの先、部下が経験する未来の社内ヒエラルキーです。

生成AIアシスタントによって誕生する、強化人間上司は、部下が起案する書類のさまざまな問題点を瞬時にスキャンして秀才的なダメ出しを行うようになります。

部下にとってはとても嫌なことに、そんな強化人間上司が、会社という組織の中では一番人望がある存在だったりもします。言っていることは向こうの方が正しいし、周囲の同僚たちも上司をおおむね肯定します。これまでと異なり、上司は仕事の面でも結果を出してきます。

あなたは、以前は凡庸だったはずの上司を陰でののしることしかできなくなるかもしれません。

「ＡＩクソ上司」と。

近未来の大企業で、この世の春を謳歌するAIクソ上司たち

凡庸で頼りなさすら感じていた上司は、２０２４年を境に頻繁に生成ＡＩに仕事上のアドバイスを求めるのが日常になり、結果として仕事への自信を深めていきます。上司と対話型ＡＩのやり取りを要約するとたとえばこんな感じでしょう。

「部下が起案してきたこの事業計画のアラをざっとまとめて、一覧表にしてくれないか」

「下期は目標達成できそうなのだが、上に説明するためにその成功要因を5つのポイントに整理して。（リストを見て）あ、そうだな、私が部下たちに出したメールからそれぞれの要因について、私が触れている文面もついでにリストアップしておいてくれないか？」

「この案件はやっかいなことになりそうだから、うちの課がこの件から外れられるような理由を挙げてほしい」

「隣の部が進めようとしている新規事業について、社外の類似事業での典型的な失敗例を

10個ぐらい集めてくれないか」

「この3人の部下は今期の人事評価を下げるから、その理由としてちょうどいいファクトをそれぞれの記録から抽出してまとめておいてくれないか」

人間のアシスタントと違って秘密もしっかりと守ってくれるAIは、上司のパワードスーツとしては最適な仕事管理ツールになるはずです。

AIクソ上司がさらに出世して幹部になると、とにかく仕事ができる会社幹部になっていくでしょう。なにしろ弁《べん》はたつし、空気を読むのもうまいし、根回しも入念です。そのため、一般従業員からのウケは悪くはないはずです。

一方でその実、何か責任問題が起きるたびにその問題のフレームを自分にとって有利な形で定義し、いち早く安全地帯に逃れ、対立した論議が巻き起こるたびにそのポジショントークのうまさが際立っていくようになります。そういった彼らの危険性に気づけるのは、最初のうちは社員のごく一部だけでしょう。

とにもかくにも、生成AIは偏差値70以上の秀才と相性がいいのです。

なぜなら、自分の得意分野であるひとを動かす力は生成AIに浸食されることがない一方で、自分の苦手分野である情報量や学習や異分野の知識といったものはAIアシスタントが補ってくれるからです。１つひとつの仕事の処理も速くなりますから、仕事のタイムパフォーマンスも格段に上がるでしょう。

こうして生成ＡＩによるパワードスーツ効果によって、これまで部課長やその上の本部長・執行役員のポジションにいた秀才たちが、この世の春を最も謳歌することになるのです。

その際に興味深い現象が起きるでしょう。大企業では、第３章でお話しした２：５：３の法則により各部門、各部署の人員数が３割ほど減少していきます。社会全体でホワイトカラーの仕事の総量が減るからです。その仕事の減り方は、部門やチームの数が減るのではなく、チームの人数が減る形をとることになるでしょう。

支店が統合しても支店長のポジションが減らない謎

会社は非正規雇用を雇い止めし、正社員を配置転換させることで職場の人数を減らして生産性を上げていく一方で、部門やチームの数は極力減らしません。なぜなら、ＡＩクソ上司たちにとってそれは自分のポジションを減らすことになるからです。

それを決めるのもＡＩクソ上司たちの会議で決まるので、会社はポジションの数を維持したまま、社員の数を減らそうとします。

こうして彼らＡＩ強化人間たちがホワイトカラーの数をつぎつぎと減らしていく様子を見ているうちに、やがて大半の従業員も気づくようになります。

「彼らはいい上司ではなく、ＡＩクソ上司だったんだ」と。

過去にも、日本企業ではそういった形だけの上司にとって都合のいいリストラが何度も起きています。たとえば、メガバンクでは行員が目指すゴールのポジションは支店長です。

社会情勢の変化により、銀行の支店の数は減少傾向にあります。都市銀行が３行や４行合併したら、それに応じて支店の数を減らさないと合併した意味が出てきません。４行合併なら論理的には都心の支店の数は４分の１にまで減っていると考えても問題ないはずです。

しかしそうやって支店長のポジションの数を減らしてしまうと銀行員の夢が減るので困る、と上の方のひとたちは考えます。そこで、なるべく店舗統合がゆるやかな形になる経営計画を策定します。東京の都心部では、３〜４つの支店が１つのオフィスに統合されていたりするのですが、支店の名前はそのままに、4つ残っていたりします。

さらにメガバンクでは、支社というポジションも編み出しています。つまり、法人取引が多い支店の組織を2つに分けているのです。まずはもともとの支店で、個人取引を担当するのは支店だと再定義し、法人取引部門を支社とネーミングします。そうすることで、同じ建物の中に支店長と支社長を同居させることができるのです。

メガバンクの行員にとっては、個人取引のリテール業務よりも法人取引のホールセール業務の方が花形ですから、自然と支社長のステイタスも支店長と同格以上になります。

こうして統合で減る支店長のポジション問題は、行内で増える支店長・支社長のポジションの数によってカバーされています。バブル入社組の大量の行員たちの夢は、こうしてきちんと確保されていたのです。

一応断っておくと、これからお話しする本項最後の1文は、メガバンクの話ではなく日本の大企業全般についての話として書かせていただきます。

「今後はそういったポジションがＡＩクソ上司たちの楽園へと変わっていくことになります」と。

昭和の高度成長期のような社内派閥争いが再び

さて、想定すべきシナリオが概ね出そろったところで、一番知りたかった質問の答えを探すことにしましょう。

あなたの仕事は消滅するのでしょうか？

実は人間の仕事が消滅するのか・しないのかは、経済の支配者たちがこの世界をどう定義するかの「フレーム問題」によって、結果が180度変わるという話をこれからします。

フレーム問題とは、世の中の枠組みをどう設定するかという問題で、現在のＡＩではまったく歯がたたない人間独自の能力です。

企業の中枢に位置する幹部たちは、自分の会社組織をいったい何だとフレーム設定するのでしょうか？

①株主から預かった大切な経営資源の投資効率を追求し、利益を極大化する組織だ
②企業をとりまくさまざまなステークホルダーに対して、最大幸福を追求する組織だ

③私のビジネスパーソン人生の終着点まで、どれだけ勢力を拡大できるかを試す組織だ

この3つのどれになるか、経済団体のトップに訊いてみると、大半の人は②だと即答するでしょう。

ただ、本音と建前は違います。日々、業績に追われて仕事をしているうちに、ついつい経営者の頭の中はフレーム①の方の関心事に囚われるようになっていきます。実際、大半の経営者にとって、社会ファーストよりも利益ファーストが上位のフレームとなっています。

だとすれば、仕事を消滅させてコストを下げた方が、彼らは目的を達成できます。こうなってしまうと、あなたの仕事は消滅することになるかもしれません。

ただその逆の結論となる職場もあります。業績面に余裕がある組織においては、たとえ最初にフレーム①を選択してしまったとしても、徐々にフレーム③の考え方が組織に蔓延するようになるでしょう。

名だたる大企業は、長年に渡って構築してきた取引構造が優位性となっているため、その業界地位はなかなか揺るぎません。あまりいろいろと例を挙げるとさまざまな方面から私が刺されそうですが、たとえばメガバンクは誰が経営してもうまくいきますし、つぶれ

ません。ごめんなさい（こんなことを言うと本当に怒られそうですね）。

業界やその企業の置かれた環境次第では、「穏当《おんとう》な経営をしていればつぶれない会社」というものは思った以上にたくさんあるものです。

そういった大企業組織では、社内派閥の勢力争いや権力闘争が、幹部の主な経営目的となることがあります。漫画「島耕作」シリーズ（講談社）でも、家電業界がイケイケだった課長時代は、島耕作が勤務する初芝電産の社内は経営陣がフレーム③を目指して争う世界として描写されていました。あんな世界が実はそこかしこに実在するのです。

そこで再び、第4章でお話ししたブルシットジョブ現象が登場します。ブルシットジョブの5つの分類の最初に来るのが、「取り巻き」というブルシットジョブでした。何もしなくても十分な売上や利益が上げられる組織を任された幹部は、自分を偉く見せることに力を入れるようになります。

取り巻きの部下を自分の配下の準幹部に引き上げて、その部下を配置する組織とその組織のミッションを後から考えます。エグゼクティブバイスプレジデントオブなんちゃらの誕生です。

その結果、組織は勢力拡大を自己目的化し肥大化していきます。昭和の高度成長期、どの企業もどんどん大きくなれたあの時代、実際に大企業の内部でこれと同じ現象が起きてしまったことで、サラリーマンたちが社内派閥に翻弄されたことがありました。

私は近未来でも、多くの大企業がこの陥穽《かんせい》に落ちる危険性があると想定しています。生産性を向上して多額の利益を上げる企業が「社会を搾取する存在だ」と糾弾される一方で、多くの雇用を創出する企業が「偉い」と称賛を浴びるような未来です。

なぜそうなるかというと、その考え方は政治が求める未来と合致しているからです。

近い将来、生成ＡＩによってホワイトカラーの３割の仕事が消滅したとして、仕事を失った一部の人材、とくに若手人材に関しては流動化する形で、エッセンシャルワーカーに転職してほしいと政府は考えるでしょう。しかし実際には、それができない人材も会社組織の中にはたくさん存在します。

そこで重宝されるのが、ブルシットジョブをたくさん抱えられるほどの余裕がある大企業です。政治家は社会全体で仕事消滅が起きることで、有権者を敵に回すような未来は望まないのです。

頭がイカれた経営者は意思決定が早い

しかしこのシナリオは最後にもう一度、逆転します。私の前著である『日本経済 復活の書』の最終章で、私は21世紀の経済を動かすリーダーの名前を列挙しました。すでに引退したり死去された人を含めたそのリストは、

・スティーブ・ジョブズ（アップル）
・ビル・ゲイツ（マイクロソフト）
・ジェフ・ベゾス（アマゾン）
・ラリー・ペイジ（アルファベット、グーグル）
・マーク・ザッカーバーグ（メタ〈旧フェイスブック〉）
・イーロン・マスク（テスラ、スペースX、X〈旧ツイッター〉）

といった名前でした。

彼らの共通点は、現在世界経済を引っ張っている巨大ＩＴ企業を育てた点ともう1つ、彼ら全員がいい意味で「頭がイカれた経営者である」という点です。

６人の個性はそれぞれさまざまで、人格者もいれば一緒に働きたくないひともいますし、老練なひともいれば若くてエネルギッシュなひともいます。しかし共通して、未来を描く発想がぶっ飛んでいるというところが強烈です。

こういったイカれた経営者たちは、派閥勢力争いなどにはまったく興味がありません。ひたすら世界を変えていくことにばかり興味を持っています。生成ＡＩが出現すればまっさきにそれを取り入れ、自分１人でも、今までの何倍もの仕事をこなせることに喜びを見出します。

生成ＡＩをアシスタントにする強化人間と比較すれば、彼らは人を動かす統率力についても、未来を描く洞察力についても遥かに上を行く存在です。そんな彼らが、生成ＡＩによってさらにパワーアップされます。

アメリカや中国、シンガポール、ドバイ、北欧諸国などに多数出現し始めているユニコーン企業のトップも同じです。そういった頭のイカれた経済界のリーダーたちにとって生成ＡＩの出現は、超少数精鋭の大企業を生み出すことができる大きなチャンスなのです。

海外企業に転職した元日本のメーカーのエンジニアが、こんな証言をすることがあります。

日本企業は500万円しか給与を出せないけれども、海外企業は彼らに1000万円の給与を用意して引き抜いてくれる。転職してみると、日本のようにハンコを押すだけのブルシット上司はあまりいない。中国やアジアで急成長する日本のライバル企業では、AIが登場する以前から、少数の幹部が素早く意思決定を繰り返すことで成長してきたことに改めて気づかされた……というのです。

イーロン・マスク軍団VS.AIクソ上司軍団

凡庸な上司がAIの力でパワーアップするぐらいですから、元から優れていた上司や経営者たちは、AIの力でそれ以上にパワーアップします。以前よりも、より即断即決できるようになることで、少数経営企業から超少数経営企業へと生まれ変わります。

この決断力はAIクソ上司軍団の最大の欠点です。なぜなら、相手との軋轢を避けてなかなか決めず、事を長引かせるのは得意ですが、何らかの意思決定をすることでリスクを自分が抱えるのは苦手だからです。

トヨタが、静岡県裾野市に実験都市「ウーブン・シティ」を建設し、そこでさまざまな未来実験を行おうとしているのはその象徴です。現物主義のトヨタでは、実験結果がないと組織的な意思決定ができないのです。しかし日本では、公道実験が極端に制限されています。そこで、「街を作ってしまおう」と時間のかかるマルチパスウェイ戦略にお金を費やしているのです。お金と時間がある大組織は、ついこのような時間のかかる戦略を選んでしまいます。

そういった旧勢力の弱点を突いて、新勢力の成長企業が世界中で台頭していきます。イーロン・マスクは、自動車会社の未来はギガファクトリーとソフトウエア、エネルギーの3つだと決断し、２０２３年からは利益よりも世界シェアが重要になるという考えにもとづいた素早い意思決定の元、動いています。実験前に動くのです。

超少数精鋭企業である新勢力は、その価値とコストの低さとスピードで、既存企業を技術で圧倒することでしょう。一方で迎え撃つ旧来勢力は、黒船新勢力にとっての巨大な壁を生み出そうと抵抗します。

国内の強化人間たちは法律を都合のいい形に変え、進化に対してさまざまなトラップをしかけるでしょう。今のところ、ライドシェア業界にとっての黒船であるウーバーの上陸を、ウーバーイーツだけに抑え込んでシャットアウトしたタクシー業界の成功例が、一番わかりやすい旧来勢力勝利の事例でしょう。

生成AIの進化をめぐる戦いについて、わかりやすいキャッチコピーを提示するとすれば、「イーロン・マスク軍団対AIクソ上司軍団によるラスボス同士の最終決戦」になります。

ここでのイーロン・マスク軍団とは、世界に100社以上の数で台頭するであろう超少数精鋭ユニコーン企業の、イカれたトップたちの代名詞だとお考えください。それぞれの業界がこのような対決構図で、それぞれの最終戦争の未来へと突入していくのです。

日本が迎える2030年の世界：「AIクソ上司」勝利パターン

2030年までに、地球は今の政治的分断とは違った形で、まったく別の2つの社会に分断されるでしょう。その片方は、既得権益を守るために法規制が固められて今と大きくは変わらない世界、もう片方は、イノベーションを推し進めることで今とは社会が一変している世界です。

前者の世界は、言い換えると「AIクソ上司が勝つ未来の世界」という意味です。では、そんな世界はいったいどのような世界なのか、一緒に想像してみましょう。

その世界では、社会は不満を抱えながらも、今の社会と大きく変わらない状態で動いているでしょう。交通はあいかわらず不便ですし、物価はそれなりの額で高止まりします。大企業の決算は株価がゆっくり上がればいいやぐらいの、穏当な利益にとどまります。

退勤してから、あなたが今日1日かけてこなした仕事を振り返ってみると、すべてがブルシットジョブだったたな、と溜息をつくようになってしまうかもしれませんが、一応あなたの仕事はなくなってはいません。

若い人たちは新しいサービスが大好きですが、海外と違って多少の制限がかかっていたりします。

そして気候災害は年々、あなたの生活を常に脅かすような存在になるでしょう。夏は酷暑ですし、年によっては水不足も深刻になります。豪雨での死者、熱波での死者、巨大台風での広範囲の経済的損失など、人生は自然との闘いであることを実感する日々です。

脱炭素政策により、いつ頃からか電力は配給制に変わります。ガソリン車だけでなくEV車についても、脱炭素政策の一環として、ナンバーの末尾が偶数の車だけが走れる日、奇数の車だけが走れる日、などの制限がつきます。

ただ、脱炭素政策による国民の不満解消のために始まった、本当の意味でのカーシェアが増えたのは利点です。あくまで白タクは不可で、ご近所同士、知り合い同士の相乗りしか法律では許されていませんが、おかげで車が使えない日でも出勤したり買い物に出かけたりができるようになります。

新聞の社会面を読むと最近、水道管が破裂したり老朽化した橋が通行止めになったりと、インフラの劣化が社会問題になっているようです。しかしそういった問題が繰り返し起きることが私たち社会の雇用を支えてくれています。

AIクソ上司型の政治家や官僚の弱点は、大きなビジョンを語るだけで、実現にまでこぎつけることができないところです。一方で、目の前の課題は着々と解決し、部分最適解を実現するのは得意です。そのようなリーダーたちが作り上げるのが、このような未来だとお考えください。

日本が迎える2030年の世界：「イーロン・マスク軍団」勝利パターン

分断されたもう1つの世界は、技術と経済の新勢力に最大限の活躍の場を与えた別世界となっています。

そんな世界の産業の構図は、もはやＧＡＦＡＭ支配ではなくなっているでしょう。そこでは、ＧＡＦＡＭの上にのっかる形で、新しい付加価値を生む無数のユニコーン企業が私たちの生活を一変するようになります。この世界を変えるのは、超少数精鋭企業を動かす無数のイーロン・マスクたちです。

これにより、経済の構造も一変します。すごい物流企業が出現することで、流通もインターネット通販も進化します。さらに、すごい家電も出現することで、私たちの家庭内はまた一段とスマートになります。

映画やＳＮＳが旧世界での日常であるとしたら、すごいエンタメ体験は私たちに非日常を体験させてくれるでしょう。すごいショッピングの出現で、私たちはついつい無駄遣いをしてしまいます。

すごい建設手法は、世の中の土木建築のスピードを一変します。すごいメンテナンスによって、昔に建設された橋梁から上下水道まで、インフラの劣化もきちんとしたコントロール下でリノベーションされていきます。

精神世界ではすごい人生相談所が出現し、私たちに新しい生きる意味を与えてくれるでしょう。すごいマッチングアプリは、人生のパートナーだけでなく友人や遊び相手、自分の居場所まで新たに探してくれます。

そしてすごい人間ドック、すごい医療、すごい介護によって、私たちは人生最後の日まで、意義のある日々を過ごしていると感じることができるでしょう。


このままいけば、未来世界としておそらくアメリカと中国が本項の陣営に入ります。シンガポールやエストニア、UAEなど、アメリカや中国よりもさらに先進的な国々も出現するかもしれません。

一方で先を走っていたはずのドイツ、フランス、イギリスといった国々や、政治が不安定なインドでは、議論が膠着《こうちゃく》したり法規制の変化がゆっくりとしか進まなかったりで、気がつくとどちらかといえば前者の陣営に混じり込んでいるかもしれません。


では日本はいったいどうなるのでしょうか?

「ぜったい前者だろう」

と決めつけないでおきましょう。それは、今の私たちが決められることなのですから。

おわりに

生成ＡＩ出現以降、私は「現実的には」という言葉を注意して使うようにしています。なぜなら、私たちビジネスパーソンが無意識に「現実的には」という言葉を使うとき、それは自分の頭の中に存在する範囲のみでの現実だからです。

本書で予測した、生成ＡＩがもたらす未来予測を皆さんはどう感じましたか？　現実的にはそんなことはありえない？　それとも、頭の中の現実を書き換えるべきだと感じていただけたでしょうか？

現代世界では、知っていることよりも知らないことの方が遥かに多くなっています。特に生成ＡＩ出現以降、現実は私たちの想像を短期間で書き換えています。

私はリーマン・ショックを境に未来予測に興味を持つようになり、この10年は戦略コンサルタントから未来予測に仕事の軸足を移しています。

戦略コンサルの世界での私は、〝他のコンサル仲間とは少し違った未来が見えてしまう〟

という強い個性を持っていました。そして、ずいぶん後になってから、「あのとき鈴木さんが言っていたことが正しかったね」と言われることが多かったのです。それで、個人で活動するようになってからは、この分野を主戦場としました。

そうしている中で気づいたことの1つが、未来予測はビジネスとして、戦略コンサルのようには儲からないということです。理由は、私たち人間が予防に関心を持っていないからです。

医療で考えればすぐにわかることですが、予防のための医者のアドバイスをしっかりと聞く人間はごく少数派です。それと同じで、企業も予防のための助言にはお金を払いません。

一方で、危機に陥ると巨額のお金が飛び交います。より儲けるなら、未来予測よりも企業再生のコンサルです。2020年代後半は、大企業がコンサル会社に支払うフィー（報酬）が過去最大の金額になるはずです。

それが人間の本質ですから、私は未来予測は儲からなくていいと思います。かわりにできるだけ多くのひとたちに読んでもらい、1人でも多くのひとに助かってもらいたいと思っています。私が販売している一番安い経済レポートは『百円コンサルティング』という名前で、100円で販売しています。本書も1500円でおつりがくる価格に設定しましたが、中身は企業相手のレポートとして売れるレベルの情報量で仕上げてあります。

執筆にあたって気をつけたのは、たくさんの読者の皆さんがそれぞれ異なる現実を知覚しているはずだということです。それを想定し、意図的にその現実に挑戦する形で情報を並べていきました。

リープフロッグ現象で、IT先進国インドには雇用が不足していること。写真や絵画の世界的なコンテストではすでに、AIが最優秀賞を受賞していること。今中国で売られているAI車のコンセプトが、トヨタの2026年モデルのコンセプトよりも優れていること。スパコンの京と同じ性能のハードウェアの価格が、数千万円に下がっていること。またともに動作する生成AIの提供には、月額20ドルから40ドルのコストがかかること。

こういったたくさんの細かい情報が、未来に目線を合わせるためには重要です。

そういった事実を並べたうえで、そこからたどり着いた本書の1つの結論は、「AIで強化された人間のクソ上司たちが世界を支配する未来」です。AIが仕事を消滅させるのでも、世界を支配するのでもありません。そうではなく、AIで強化された人間のクソ上司たちが、私たちの未来を奪うラスボスとしてあなたの前に立ちはだかるのです。

ただそれに対抗するもう1つの結論があります。それが、「イーロン・マスクに象徴されるようなイノベーションを推進する新勢力が勝つ未来」です。世界を支配することよりも、世界を変えることの方に関心を持つ100人の新リーダーが、AIの力を活用して超少数精鋭で世界を動かせるようになれば、それはAIクソ上司たちの強力な敵になりえます。

未来予測は予防の手段だと言いましたが、もう一歩踏み込んで言えば、それは最大多数のひとたちが悲しい目にあわないための防衛手段だと、私は考えています。私自身、これまでの人生の中で何度もサプライズに翻弄されてきました。

順調にいくことを期待してこつこつと行ってきた事柄が、思わぬ事象が起きたせいで酷い結果に終わるのは嫌なものです。21世紀に入ってからのマクロな事象だけでも、ITバブル崩壊、ソニーショック、日航やダイエーの破綻、リーマン・ショック、大震災と原発事故、中韓の反日運動、パンデミック、ロシアのウクライナ侵攻やイスラエル問題といった具合に経済は常にサプライズに翻弄されてきました。

これから先も同様です。おそらく生成AIショック、トヨタショック、日銀ショック、チャイナショック、エネルギー危機といったさまざまなリスクに、私たちの未来は翻弄されていくでしょう。だからこそ、未来に起きることは事前に知っておくべきなのです。

こういったレポートを読んで、「悲観的で嫌なことばかり書いてあるな」と反応するのは人間としては自然な反応です。できればそこを「でも気をつけるべき点がたくさん見つかった」と読み直していただきたいと切に願います。多くのひとがそうやって考え方のフレームを変更できれば、本書の予言は聞きたくない未来ではなく、もっと知りたい未来に見えてくるでしょう。

物の見方を変えるフレーム思考はＡＩにはできない、人間が未来に抗うために重要なスキルです。

しかし残念ながら、サプライズに翻弄される事態はこれからも繰り返されるでしょう。でも、それに目ざといひとたちだけが出し抜くような未来にはなってほしくない。だから少しでも多くの読者が本書を面白く読むことで、情報が広まるようにと考えて書かせていただきました。面白く読める分、一部の方々には不愉快な表現になっている箇所があるかもしれません。その点はお詫びします。

本書はまだ酷暑の続いていた２０２３年の夏に、旧知のＰＨＰ研究所の出版局長である吉村健太郎さんから声をかけていただき企画が始まりました。同じく旧知の『ＴＨＥ21』

編集長である中村康教さんのおかげで、毎月記事を寄稿する形で構想の骨格を文章化することができました。

お2人とは2018年の『「AI失業」前夜』、2020年の『日本経済 予言の書』、2022年の『日本経済 復活の書』とこれまで3冊の経済予言書でチームを組ませていただきました。今回の出版で4冊目の予言の書が世に出せたことになります。これだけの回数、一緒にチームを組ませていただけた幸運に改めて感謝いたします。

生成AIに関してはこの1年間で目まぐるしくその中身が進化し、情報も日々更新されていきました。本書を書くにあたってはそれらの情報について多くの研究者、経営者、仕事仲間からのインプットが織り込まれています。ひとりひとりのお名前を挙げて感謝することは控えさせていただきますが、本書の完成は皆さまのお力添えのおかげです。ありがとうございました。

2024年以降、世界にはたくさんのAI強化人間が出現するようになるでしょう。それがクソ上司ではなく、変革者である未来がくることを祈ります。

2023年11月

鈴木貴博

PHP
Business Shinsho

鈴木 貴博（すずき・たかひろ）
経営戦略コンサルタント。東京大学工学部卒。ボストン・コンサルティング・グループ等を経て2003年に独立。数々の大企業の戦略立案プロジェクトに従事。
近年は、未来予測とイノベーション戦略の専門家として、ダイヤモンドオンライン、プレジデントオンライン、東洋経済オンライン、現代ビジネスなどに連載を持ち、月間100万PVを超える注目を集めている。「未来は予測でき、同時に変えることができる」が信条。
主な著書に、『仕事消滅』『格差と階級の未来』（以上、講談社＋α新書）、『カーライル』（ダイヤモンド社）、『戦略思考トレーニング』（日経文庫）、『日本経済 復活の書』『日本経済 予言の書』『「AI失業」前夜――これから5年、職場で起きること』（以上、PHPビジネス新書）などがある。

PHPビジネス新書 468

「AIクソ上司」の脅威
2030年、日本企業の序列がひっくり返る

2023年12月28日 第1版第1刷発行

著　者　鈴木貴博
発行者　永田貴之
発行所　株式会社PHP研究所
東京本部 〒135-8137 江東区豊洲5-6-52
ビジネス・教養出版部 ☎03-3520-9619（編集）
普及部 ☎03-3520-9630（販売）
京都本部 〒601-8411 京都市南区西九条北ノ内町11
PHP INTERFACE https://www.php.co.jp/
装　幀　齋藤 稔（株式会社ジーラム）
組　版　有限会社エヴリ・シンク
印刷所
製本所　大日本印刷株式会社

ISBN978-4-569-85606-3

「ＰＨＰビジネス新書」発刊にあたって

わからないことがあったら「インターネット」で何でも一発で調べられる時代。本という形でビジネスの知識を提供することに何の意味があるのか……その一つの答えとして「**血の通った実務書**」というコンセプトを提案させていただくのが本シリーズです。

経営知識やスキルといった、誰が語っても同じに思えるものでも、ビジネス界の第一線で活躍する人の語る言葉には、独特の迫力があります。そんな、「**現場を知る人が本音で語る**」知識を、ビジネスのあらゆる分野においてご提供していきたいと思っております。

本シリーズのシンボルマークは、理屈よりも実用性を重んじた古代ローマ人のイメージです。彼らが残した知識のように、本書の内容が永きにわたって皆様のビジネスのお役に立ち続けることを願っております。

二〇〇六年四月

ＰＨＰ研究所

PHPビジネス新書

日本経済予言の書

2020年代、不安な未来の読み解き方

鈴木貴博 著

コロナ不況はどうなるのか？　その後に日本経済を襲う「7つのショック」、そして「1つの希望」とは？　未来予測のプロが徹底予測。

PHPビジネス新書

日本経済 復活の書

2040年、世界一になる未来を予言する

鈴木貴博 著

日本経済復活のために解決すべき「10の不都合な論点」とは？　未来予測のプロが今後の展望と、大胆な「日本列島改造案」を説く。

PHPビジネス新書

だから、会社が倒産する

小宮一慶 著

生き残るのは、お客さまの変化に対応しながら、自社独自の「QPS（品質・価格・サービス）」の組み合わせを提供できる会社だけ。

PHPビジネス新書

アフターChatGPT

生成AIが変えた世界の生き残り方

山本康正　著

ChatGPTを筆頭に注目を集める生成AI。Googleなどのメガテックさえ脅かすこの潮流に、私たちはどう向き合うべきか？